成功者は「今を生きる思考」をマスターしている

千田琢哉
Senda Takuya

プロローグ

「一度くらい好きなことをやってみたかった……」が、あなたの墓碑銘とならぬように。

大学時代に、あるエッセイを読んでいて、当時の私が強烈な衝撃を受けた一文がある。

著者の父親は東大出身の外交官だったが、定年後にこう漏らしたらしい。

「一度くらい好きなことをやってみたかった……」と。

それを聞いた息子も同じ東大卒だったが、父とは違って破天荒な人生を送ることになる。

コロナ禍になって、ちょうど3年が経《た》つ。

当初は、まさかここまで続くとは思っていなかったが、著名人たちの死を目《ま》の当たりにしながら、さらに身近な人たちの死を目の当たりにしながら、私たちは「死」というものを考える機会が増えた。

かつてドイツの哲学者であるハイデガーは『存在と時間』という著書の中で、人は自分の死を受容してから本当の人生が始まると述べた。

死を他人事だと捉《とら》えて自分とは無縁だと考えている人々は、日々噂話に明け暮れて野次馬のような人生を送る〝ダスマン（世人）〟と呼んで蔑《さげす》んだ。

彼の著書にたびたび登場する「存在」とは我々人間のことであり、自らの死を受容して今を懸命に生きる人のことを〝ダーザイン（現存在）〟と呼んだ。

「ダー」とは「そこ」という意味であり、「ザイン」は「存在」を意味することから、「そこにある」と、自分の存在をしっかりと意識するのが本来の人間の姿であるとした。

私自身にも人生で死と隣り合わせになる経験があったため、このハイデガーの哲学にはバチッとハマったものだ。

大学3年生の夏にオーバートレーニングと急な増量により不整脈が頻発《ひんぱつ》するようになり、故郷の総合病院で約2週間の検査入院をしたのだが、同じ病室には心臓病のお年寄りたちが複数いて、亡くなった人もいた。

そこで私はボストンバッグ一杯の本を持ち込み、朝から晩まで読書三昧の生活を

送ったのだが、その中にたまたまハイデガーの『存在と時間』とニーチェの『ツァラトゥストラ』が入っていたのだ。

いずれもそれまですでに読んでいた本だったが、病床で再読すると、まるで違う本のように心の内奥まで深く沁《し》み込んできた。

医師は親身になってくれて、「30歳くらいになったら自律神経が落ち着いて治るかもしれないし、悪化するかもしれない。いずれにせよ、今の激しい運動はやめたほうがいい」とアドバイスしてくれた。

今でも彼には感謝している。

自らの死を受容した私は、その後、半年間ラストスパートをかけ、さらに体重を10kg上乗せしたうえで、全日本学生選手権大会に出場した（優勝は逃したが）。

短期間で記録が伸び過ぎて、優勝者でもないのにドーピング検査を受けたくらいだ。

その後、運良く例の担当医が教えてくれた通り、30歳までに自律神経が落ち着いてきたのか、おかげさまで、これまで不整脈が気になったことは一度もない。

今振り返れば、若さゆえの無謀な決断だったかもしれないと感じることもあるが、私の正直な気持ちを打ち明けると、当時の私に「お前、よくやったな。自分で決断したのは偉い！」と褒《ほ》めてやりたいくらいだ。

その後、私はニーチェやハイデガーからゲーテに興味の対象を移すことになるが、だからといって、ニーチェやハイデガーがゲーテに劣っているとは微塵《みじん》も思わない。

人はその都度、その都度、自分なりに最善の選択をしているのであり、私はいつも今この瞬間を懸命に生きてきたからだ。

ただ、冒頭の「一度くらい好きなことをやってみたかった……」という墓碑銘《ぼひめい》とは、もう無縁になった。

今の私は一日を一生として生きており、常に好きなことに取り組んでいる。

仮に明日、私の目が覚めなくても、自分が好きなことをやっているプロセスで死ねるのだから本望というものだ。

翻《ひるがえ》って、あなたはどうだろうか。

あなたにはあなたの人生があり、私の価値観を強要するつもりは毛頭ない。

ただし、私はプロの文筆家として美辞麗句やおためごかしの類《たぐい》は一切排除し、善悪や好悪を超越して、私の本心と良心から搾《しぼ》り出した言葉で、あなたの魂に揺さぶりをかけ、あなたの人生を正のスパイラルへと導くきっかけになることだけを考えて書いたつもりだ。

あなたは本書のすべてに賛同する必要はないし、むしろ賛同してはいけない。振り子のように、左右にゆっさゆっさと揺れながら、あなた〝ならでは〟の正解を探ってもらいたい。

現在の私の墓碑銘は何かって？

もちろん、「タブーへの挑戦で、次代を創《つく》る」である。あなたも、今から楽しみながら自分の墓碑銘を考えておこう。

2023年3月吉日　南青山の書斎から

千田琢哉

成功者は「今を生きる思考」をマスターしている

CONTENTS

写真● Adobe Stock 他

ACTION. 1

今を生きるための極意

01 過去なんて、塗り替えられる。

過去に問題を起こした人でも、なぜ今は成功者として崇《あが》められているのだろうか？
強い者と弱い者が混在する世の中の真理と、
最初に本書で伝えたい、私の使命についても話そう。

巷《ちまた》の自己啓発書には、よくこう書いてある。

「過去は変えられない。でも未来なら変えられる」

確かに模範解答としては正しい。

しかし、実際に世の中を虚心坦懐《きょしんたんかい》に観察してみると、どうだろうか。

過去に悪いことをやっていた人でも、今ではすっかり成功者として崇められている例は、枚挙《まいきょ》に暇《いとま》がないだろう。逮捕歴があったり服役をしたにもかかわらず、ドヤ顔でマスコミに登場しているカリスマだって多い。

物事の本質を洞察するためには、建前ではなく本音に注目することだ。言葉ではなく行動、行動ではなく習慣を見ることだ。

そうすると、次の事実が浮き彫りになるだろう。

過去なんて、簡単に塗り替えられる。過去を塗り替えられないのは、あなたが成功していないからだ。

人間の都合で決めた善悪ではなく、自然の摂理として揺るがない事実があって、それは「強い者は美しく、限りなく神に近い」という真理である。そして、「弱い者は限りなく醜く、限りなく塵《ちり》に近い」のである。

この事実は、いくら強調しても足りないくらいだ。

そう考えれば、過去に悪いことをやっていた人が成功すると、過去のすべては武勇伝になるのが理解できるだろう。

どんなに美辞麗句を並び立てたところで、稼げない人には人が集まらない。

それは弱いからである。

世の中が不安定になって弱者が急増すると、「弱いが、強い」という自然の摂理に反した価値観を広める輩《やから》が急増するが、それはそのほうが暴利を貪《むさぼ》れるからだ。

水は高い場所から低い場所に流れるが、お金は低い場所から高い場所に流れる。

つまり、圧倒的多数の弱者が心地良くなる言葉や思想を垂れ流すことで、資本主義というのは成り立っているのだ。

なぜ、私がこんな世の中の真実を公開して、弱者に嫌われるようなことをするのか。

それは、私の使命は「タブーへの挑戦で、次代を創る」だからである。

この使命を、誰にも気を遣わず一点の曇りもなく実現できるように、先に生涯賃金を稼ぎ終えて、老後の心配を排除しておいたからだ。

現在、私は音声ダウンロードサービス「真夜中の雑談」とＰＤＦダウンロードサービス「千田琢哉レポート」というコンテンツビジネスを展開しており、より使命の実現を強固なものにする環境を構築できた。

リスナーや読者には、とてもここでは名前を挙げられないレベルの各業界のリーダーや著名人も複数おり、少なくとも冴えない国会議員よりは世の中を変える力を獲得できたと思っている。

私のかねてからの夢は、まさに今やっていることであり、今この瞬間を繰り返していれば、夢が重なり続けるというわけだ。

さて、もちろん次はあなたの番である。

たとえ今どんな大失敗をやらかしても、将来成功すれば、それは武勇伝になり、箔《はく》が付くことだけは忘れないでもらいたい。

01

成功者は「今を生きる思考」をマスターしている

過去を塗り替えられないのは、あなたが成功していないからだ。

02

目標を立てると、今が楽しくなる。

会社から与えられたノルマを達成できなくても、
そんなことは気にしないでいい。
人生を楽しむために大切にすべきなのは、
自分の中から湧き出た目標なのだ。

なぜ、目標を立てたほうがいいのか。
それは、今が楽しくなるからである。
私は、緻密《ちみつ》な計画は練らないが、大雑把《おおざっぱ》かつ未来完了形の目標は必ず立てる。
なぜ大雑把なのかといえば、どうせ前倒しで仕上げてしまうからだ。

会社員の頃には、新年がスタートする前にその年の目標はすでに達成していたし、常に来年以降の種蒔《ま》きをしている状態だった。

さすがに辞めると決めたラスト2年間は、過去の蓄積《ちくせき》で食い繋《つな》いでいただけで無駄な種蒔きは一切しなかったが、独立後は稼ぎが全部独り占めできるのだから、種を蒔き放題である。

会社員の頃は翌年の種蒔きだったのが、現在は5年先くらいの種蒔きが普通になった。

これは私が特別というわけではなく、まともな経営者であれば全員、呼吸の如《ごと》くやっている習慣だ。

きっとジェフ・ベゾスやイーロン・マスクは、数十年後、数百年後を見据《す》えているだろう。

そして彼らにも、まだ何もしてないうちから「あ、これは自分ならできる」という未来完了形の目標は、常に複数あるだろう。

あなたも同じことをすればいい。

何も根拠はないが、「自分ならできる」と直感したことを大切にするのだ。

根拠がないというのは、あくまでも自分が未熟で上手く言語化できなかったり、頭の中が整理整頓できていなかったりするだけで、あなたの潜在意識や本能にはちゃんと根拠があると考えよう。

たとえば営業をしている人であれば、会社から与えられたノルマではなく、自分の裏ノルマを大切にしたほうがいい。

会社から与えられたノルマが達成できない人が多いのは、それが他者に強制されたものであって、自分の本心から生まれたものではないからだ。

私が会社員の頃は一貫して、独自の裏ノルマを達成するためにゲーム感覚で楽しんでいた。

初期の頃は会社から与えられたノルマを大幅に下回っていたが、慣れてくると会社から与えられたノルマを大幅に上回るようになった。

つまり、会社の目標よりも私の目標のほうが上回ったのである。

裏ノルマとは、すでに申し上げた通り、「自分ならできる」と直感した目標のことだ。

他者から与えられたノルマなんて達成しなくても放っておけばいいが、自分が課したノルマを達成できないのは悔しい。

現実問題として、会社員はノルマなんて達成できなくても（完全歩合制などの非正規雇用を除けば）、解雇されることなんてないのだ。

ここだけの話、正規雇用で採用された人はもっと堂々としていればいい。

今の時代は残業代不払いを始めとして、パワハラやセクハラなどで会社相手に訴訟を起こせば、99％勝てる。

奴隷でもあるまいし、ノルマなんて他者から与えられるものではない。

目標は、あくまでもあなたが人生を楽しむために立てるものであり、不幸になるために立てるものではないのだ。

目標が高くなればなるほど、毎日が楽しくなるのは間違いない。

02

成功者は「今を生きる思考」をマスターしている

「自分ならできる」と直感した目標が、あなたの未来を豊かにする。

03 未来の不安を軽くするコツは、今をちゃんと生きること。

未来に不安を抱いても意味がない。

たとえ権力者や大富豪であっても、自分で未来をコントロールすることはできないからだ。

日々の過ごし方にこそ、その解決策がある。


「老後の蓄《たくわ》えは、足りるのだろうか？」

「年金は、ちゃんともらえるのだろうか？」

そうした不安を抱く人は多い。

それが40代や50代というならまだ理解できなくもないが、中には20代でも不安がっている人もいるから、反対にこっちが不安になる。

結論を言うと、未来のことは誰にもわからない。

大手企業が倒産するなんて誰も予想していなかったし、不慮の事故や無差別殺人に巻き込まれた犠牲者たちも、自分がそうなるとは誰も予想だにしていなかったはずだ。

私自身の人生を振り返ってみても、自分のコントロール下にないことでは予想のほとんどが外れている。

そして残念ながら、我々は自分のコントロール下にないことで自分の人生を埋め尽くしている、という事実に気づくべきだ。

これは、大統領や総理大臣でさえも同じである。

どんなに社会的地位の高い偉人でも、すべての部下を直接コントロールするのは不可能だし、全幅の信頼を寄せていた仲間からの裏切り行為も日常茶飯事だ。

ましてや、天変地異など人類がコントロールできるものではない。

そう考えると、次の解決策が見えてくるだろう。

ただ自分の成すべきことを成すことだ。

未来の不安をゼロにすることは永遠にできないだろうが、未来の不安を軽くする方

法は、今をちゃんと生きること以外に存在しない。

医師も弁護士もプロスポーツ選手も歌手も清掃員《せいそう》も料理人も、すべては自分の成すべきことを成すのみである。

そうすれば、社会がどのようになっても、戦争や紛争や自然災害が襲っても、不安を最小限にしていられる。

私がこれを教わったのは、ロシアの作家レオニード・レオーノフの小説『穴熊』だ。その小説に、名もなく貧しい帽子《ぼうし》屋の老人が登場するのだが、彼は1日1個の帽子をひたすら作り続けている。

物語の背景がロシア革命直前のモスクワの貧民街という設定だが、あの帽子屋の老人こそが今をちゃんと生きており、自分の使命を果たしているという点で、どんな権力者や大富豪よりも強さを感じたのだ。

権力者や大富豪は革命が起きて国家の体制が一変すれば入れ替わるが、帽子屋の老人は昨日と何も変わらない人生が続く。

アメリカの作家スタインベックの小説『怒りの葡萄《ぶどう》』では、〝持てる者〟と〝持たざる者〟を一貫して描いているが、死と隣り合わせの世の中で〝持たざる者〟が日々淡々とひたすら成すべきことを成す、雑草の強靭《きょうじん》さを教わった気がする。

今世紀に入ってからの小説では、伊坂幸太郎の短編連作集『終末のフール』に収められている「冬眠のガール」がおススメだ。

まさに死がどんどん迫ってくるという不安の極致《きょくち》の設定で、主人公の少女が亡き父の二千数百冊ある蔵書《ぞうしょ》を日々淡々とひたすら読み続けるのだが、その生き様が美しい。

己を知り、日々淡々と成すべきことを成していれば、それが勇気となり、強さとなるのだ。

03

成功者は「今を生きる思考」をマスターしている

自分の使命を果たし、淡々と生きることが強さとなる。

04 今やらない人の多くは、死ぬまでやらない。

あなたが〝やる〟ことを先送りにして躊躇《ちゅうちょ》することは、その後の人生を大きく左右する。今やらない人たちと、選ばれし成功者との差について、解説しよう。

あなたのこれまでの人生を振り返ってもらいたい。

「やろう！」と思ったけれどその時やらなかったことは、結局今もやっていないのではないだろうか。

きっと、死ぬまでやらないはずだ。

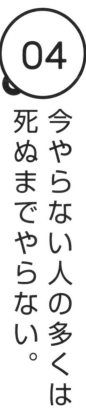

何を隠そう、私自身もそうだったのだから、その気持ちは痛いほどよくわかる。

しかし世の中には、ごく少数の成功者と圧倒的多数のそうじゃない人たちがウジャウジャいて、それらの格差は宇宙の拡張現象の如く、日々大きくなっているというのが現実だ。

では、この差はどこから生まれたのだろうか。

もちろん才能によるものも大きいだろうが、それ以外は「やったか否か」の蓄積の差だろう。たとえば、毎日1個「やった」人たちは10年で約3650個、30年で1万個以上「やった」ことになる。さすがに1万個やった人とやらなかった人が、30年後に同じ空間で呼吸しているとは思えない。

一切の綺麗事《きれいごと》を排除すると、零細《れいさい》企業の多くは零細企業のまま幕を閉じる。大企業まで成長するのは稀《まれ》だ。

その差は、「やった」総数から生まれたのは間違いない。

作家の世界でも、新人賞を受賞して1冊本を出し、それで作家人生は終了という人がとても多い。その一方で、次々に作品を発表して主要書店にネームプレートを挿《さ》してもらえる作家もいる。

才能格差は否定しないが、これもまた「やった」総数から生まれた結果だと私は確信している。

今やるかやらないかは、根性の問題ではない。習慣である。

もちろん、法的にアウトだとか、生理的に受け付けない場合には、断固やるべきではないだろう。

だが、本当はやったほうがいいと薄々わかっているのに躊躇している場合には、とりあえず「やる」と決めておくことだ。

なぜなら、躊躇して結局やらない習慣になった人は、それがそのまま人生を創るからである。

つまり、「やった」総数が何桁も少なくなって、うだつが上がらない人生が確定するというわけだ。

私が会社員の時代にも、そういう連中はとても多かった。

少なく見積もって、彼ら彼女らの8割が、うだつの上がらない人生を歩んでいる。

その原因を分析してみると、やはり「やった」総数が圧倒的に不足していたこと以外に考えられない。

いかがだろうか。かつて予備校講師が書いた本の中に「今やらない奴は一生やらない」「いつやるの？　今でしょ」みたいなコピーがあった。

誰もが知るように、あれらのコピーは予備校講師がオリジナルではなく、昭和時代（きっと戦前）からずっと言われ続けてきた言葉なのだ。

いや、きっと諸葛孔明《しょかつこうめい》や織田信長辺りも戦《いくさ》の戦略を練る際に「時が来た」「今しかない」というように、頻繁に使っていたはずである。

彼らが名を遺《のこ》したのは、「やった」総数が桁《けた》違いに多かったからだ。

私は「やった」総数を増やす人生になって久しいが、習慣化すれば苦ではない。どうせ同じなら、「やった」総数を増やしたほうがいい。

04

成功者は「今を生きる思考」をマスターしている

「やった」総数を増やして習慣化することが、格差を埋める力になる。

05 今この瞬間没頭している人に、運は巡ってくる。

自分の運の悪さを「所詮は運だから」とあなたは諦めていないだろうか。

没頭することを身に付ければ運を味方にできるのだ。


これまでに私は「運が良いね」と言われ続けてきた。

両親や友人からはもちろんのこと、社会に出てからも、私の強運に号泣したりシャウトしたりした人は、1人や2人ではない。

きっと、知らず知らずのうちに敵を増やしているのだろう。

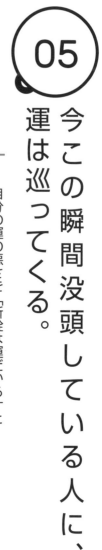

進学や就職や独立や恋愛でも、人生の節目で決めるべき時に決められた要因は、幸運以外にないと思う。

ただし、あえてそれ以外の誰にでも真似できる原因を考えてみると、今この瞬間に没頭している人には運が巡ってきやすい、ということだろうか。

私は、自分で自分が強運だと思ったことは一度もないが、他人を見ていて「この人は強運だな」と思ったことなら何度かある。

確かに私とどこか似ているところがあり、それがまさに没頭しやすい点だったのだ。

職業は何でもいいが、自分の仕事に夢中になっている人は、ほぼ全員が幸せだろう。

幸せだと表情も魅力的になるから、人が集まってきやすいはずだ。

人が集まってきやすい人には、同時にお金も集まってきやすい。

なぜなら、お金は必ず人が運んでくるからである。

人とお金が集まってくる場所は、概《がい》して運が良い。

インターネット上でも、店舗でも、コンサート会場でも、人とお金がたくさん集まってくる場所というのは、少なくとも閑《かん》古《こ》鳥《どり》が鳴いている場所よりは運が良いはずだ。

では没頭するためには、どうすればいいのか。

もちろん、好きなことをやればいいのだが、さらに没頭を強化するためには少々工夫が必要になる。

それは、自分の能力の101%とか110%くらいのレベルに挑戦し続けることだ。

これが200%や300%だと、確実に失敗するから挫折してしまう。

反対に30%や50%だと、失敗はしないだろうが、退屈で欠伸《あくび》が出てしまう。

だから、きっとできるだろうけれど、失敗の可能性もあり得ることに取り組むと、極限まで没頭しやすいことがわかっている。

アメリカの心理学者ミハイ・チクセントミハイは、このように没頭した状態を「フロー体験」と呼んだ。

ちなみにフロー体験をすると、人は過去の栄光や勝敗にまるで執着しなくなる。

それどころか無我の境地になり、自分の存在すらも感じられなくなるということだ。

これは、西田幾多郎の「純粋経験」と似ているかもしれない。

純粋経験とは、主体と客体が分かれておらず、溶け込んで一体化しているような感覚のことだ。

美しい音楽に溶け込んで自分と音楽の区別がつかない状態だとか、数学の難問に挑んでいるうちに溶け込んで自分と数学の区別がつかない状態である。

このように、古今東西の枠を超えて没頭について考え抜かれているのは、我々にとってありがたい話だ。

受験やスポーツでも集中力がモノを言うのは誰もが知る事実だが、それは集中したほうが運も結果も良くなることを私たちは経験上知っているからだろう。

１０１％の挑戦を続けると、本当に運が良くなる。

05

成功者は「今を生きる思考」をマスターしている

能力以上のレベルに挑戦し続けることが、実力以上の運を引き寄せる。

06

刹那にこそ、無限の価値が詰まっている。

二度と訪れない今この瞬間に、
時間のすべてが詰まっている。
それを大切にすることが日本人の美学であり、
世知辛い世の中を生き抜く術なのだ。

何気なく通過していく今この瞬間。

実はこの刹那《せつな》にこそ、無限の価値が詰まっているのだ。

これは日本人であれば誰もがＤＮＡの中に組み込まれているはずで、脈々と引き継がれてきた美学であり、価値観である。

たとえば、平安時代の歌合《うたあわせ》を想像してみよう。

お題を与えられてから即興で歌を詠《よ》むわけだが、これは後世に遺《のこ》すために歌を詠むわけではなく、今この瞬間の刹那をとことん味わい尽くすために詠まれたのだ。

だからこそ、お互いの力量が試されるのであり、真の実力者がわかったのだろう。

あるいは、茶道や華道も本質的には刹那を味わうものである。

現代のように写真や動画に残すためではなく、今この瞬間の価値を極限まで楽しむために嗜《たしな》むのだ。

ひょっとしたら盆栽が趣味だという読者もいるかもしれないが、盆栽も刹那の極致である。

今この瞬間は二度と再現できないし、だからこそ、今この瞬間を堪能《たんのう》できるのだ。

西洋が自然界を対象と見なして支配することで科学を発展させてきたのとは、対照的である。

どちらがどうと言うつもりはないが、我々日本人は、自分たちに受け継がれてきたDNAを大切にすればいいのではないだろうか。

私個人としては、石像や石庭やレンガ造りの家を美しいと憧れることはないのだが、それはそれで尊重したいと思う。

ただ、どちらが深いかと問われると、私は刹那の価値に軍配が上がると考える。

なぜなら刹那は自然の摂理に則《のっと》っており、時間の流れや価値をひしひしと感じさせてくれるからだ。

宇宙から見れば我々の寿命も刹那であり、死んで土に還《かえ》り、蒸発して雲になり、雨が降ってまた土に還り……を延々と繰り返すだけである。

これは、ドイツの哲学者ニーチェの思想である「永劫回帰《えいごうかいき》（永遠に同じことが繰り返されること）」を彷彿《ほうふつ》させるが、途中で寄り道して化学反応や細胞分裂を起こして人になったり、獣になったり、昆虫になったり、細菌になったり、植物になったり、石になったり、石油になったりするのかもしれない。

いずれにせよ、人生はもちろん宇宙も刹那の繰り返しであり、刹那こそが過去であり現在であり未来なのだ。

刹那には時間のすべてが詰まっており、フラクタル（自己相似性）になっているのではないだろうか。

それはちょうど、人間のＤＮＡが全身の60兆個の細胞に組み込まれているのと似ている。

時間も空間も、ミクロはマクロであり、マクロはミクロなのだと私は思う。

ひょっとして素粒子の中には宇宙が潜んでいるかもしれない、と本気で考えているくらいだ。

ビジネスの世界で「神は細部に宿る」という言葉は有名だが、それも本質は同じことだと思う。

過去や未来でクヨクヨ悩むよりは、今この瞬間という刹那を味わい、感謝してみてはいかがだろう。

世知辛《せちがら》いこの世の中で心身が疲弊したときにこそ、効果を発揮するはずだ。

06

成功者は「今を生きる思考」をマスターしている

今この瞬間という刹那を味わうことが、人生を前向きに考えさせてくれる。

07 「継続せねばならない」という強迫観念が、継続できない理由。

人は継続できない生き物だ。

完璧な継続力は非常に困難だ。

長く続く継続力は、どうすれば習得できるのか?

途中で息切れしない方法を解説しよう。


これまで数々の東証プライム上場企業の面接に立ち会ってきたが、業種業界を問わず採用されやすい人材の特徴を、ここで披露したい。

それは、その人に継続力があることを証明できることだ。

それだけ人は継続できない生き物であり、だからこそ希少価値があるというわけで

ある。

一流大学に入学できたとか、英語能力が卓越しているとか、メジャースポーツで全国大会に出場したとか、それらはすべて本人の継続力の証だろう。

一夜漬けでも英単語100個くらいなら詰め込める人がいるかもしれないが、ゼロからスタートして一夜漬けで早慶旧帝大以上の難関大学に合格できる人や、英検1級に合格できる人や、高校野球で甲子園にレギュラーメンバーとして出場できる人はいない。

それらは最短で数年間、普通は10年以上かけて盤石《ばんじゃく》な初歩と基礎の上に努力を積み上げた結果として、ようやく獲得することができる賜物《たまもの》である。

だからこそ、由緒正しい一流企業の就活では「学歴フィルター」が存在するのであり、それは差別でも何でもなく、ごく普通の区別なのだ。

ここまで執拗に述べておけば、継続力の大切さをご理解していただけたと思うが、では、どうすればその継続力を習得することができるのか。

その答えは極めて逆説的だが、「継続せねばならない」という強迫観念を捨てることである。

「継続せねばならない」というプレッシャーをかけ続けると、ほぼ確実に途中で息切れする。

その種の完璧主義は、概して自信のない人ほど陥りやすい傾向だ。

自分のダメさ加減を熟知しているからこそ、その反動から高い目標を掲げて誤魔化すのである。

高校時代の落ちこぼれが、ある日「今日から寝ずに勉強するぜ！」と宣言して、初日から挫折するようなものだ。

これでさらに自己嫌悪に陥り、負のスパイラル人生に突入する。

いかがだろう。

ひょっとして、あなたが継続できない理由もそんなところにあったのではないだろうか。

何を隠そう、かつての私自身がそうだった。

やる気のなさを目標の高さで誤魔化しながら、仲間内でマウンティングをかましていた時期が長らく続いたものだ。

ところがある日、自分より格下と見なしていた相手が大成功し、一切の言い訳ができない完全な敗北を受容せざるを得ない出来事があった。

そしてその相手は実に飄々《ひょうひょう》と生きており、肩の力を抜いて淡々と成すべきことを成していたのだ。

それを機に私は、彼に成り切って肩の力を抜いて飄々と生きてみた。

三日坊主のコレクションをするつもりで、自分が興味を抱いた対象をとりあえずやってみた。そうすれば1年間で120以上の三日坊主ができる。

さすがに120以上の三日坊主をコレクションしていると、つい4日続くものに出逢う。

この調子で、「気づいたら継続していた」というものを持っている人が、継続力のある人なのだ。

07

成功者は「今を生きる思考」をマスターしている

肩の力を抜き、三日坊主を続けていれば、継続できるものにいつか出逢える。

08

絶体絶命になったら、自然の摂理《せつり》に身を委ねる。

絶体絶命の時に悪あがきは禁物だ。
私は、そのことを人生初体験のぼったくりバーから学んだ。私がチンピラ相手にどう立ち向かったのか。6時間にもおよぶ対決エピソードを話そう。

普通に生きていれば、「もはや絶体絶命」という経験を何度かするだろう。
きっとこの先も、何度も経験するはずだ。
そんな時には、悪あがきをしても何も始まらないことが多い。
「どうか命だけはお助けを〜」と号泣しながら叫んでも、バキュンと頭を撃ち抜かれ

て殺されてしまうのがオチだというのは、アクション映画やギャング映画で散々予習したはずだ。

もし、あなたがこの先絶体絶命の危機に陥ったら、潔《いさぎ》く自然の摂理に身を委ねることである。

死ぬ宿命を背負っていたらそこで死ぬだけだし、生き延びる宿命を背負っていたら死なない。

呆れるほどにシンプルだけど、それだけのことだ。

今回初公開だが、私は海外でぼったくりバーに入ったことがある。

言葉が通じないだけに、日本でぼったくりバーに入るよりもかなり危険だったと思うが、結果としては適正価格しか支払わずに、約6時間後に店を出ることができた。

交渉は長時間に及び、店の回転率を著《いちじる》しく下げてしまったが、隣の部屋の日本人客は2時間ごとに入れ替わっていたから、儲かる商売だ。

言うまでもなく、最初はぼったくりバーとは露知《つゆし》らず、私にとっては人生初体験だった。

一緒に店に入った上司や部下たちの本性《ほんしょう》も見せてもらったし、すべての決断がこの

私に委ねられていたことは、その場の空気で完全にわかった。

相手のチンピラたちも私以外は見ておらず、100％私に話し続けてきたからだ。

私は、自然の摂理に身を委ねることにした。

つまり、体力勝負に持ち込んだのだ。

大学時代にパワーリフティングに打ち込んできた私には、並の人よりは体力がある。

交渉は長引けば長引くほど体力勝負となり、結局のところ朝方まで「払え」→「払わない」→「払え」→「払わない」を延々と繰り返した。

先方は5人くらいで、入れ代わり立ち代わり私を相手に交渉したが、次第にフラフラになってよろめきながら、「もうこれで勘弁してくれ」と普通の飲み屋で請求されるのと同じ料金で済んだのである。

まあ6時間もかけたという部分は割に合わなかったかもしれないが、いつかこうして執筆のネタにしようと思っていたから、ちょうどよかった。

ちなみに私は、自分で自分のことを「俺って、体力あるよなー」と口にしたことは一度もなく、特に誇りに思ってもいない。

だが、一緒に仕事をしたことがある人、一緒に住んだことのある人には、異口同音に「人間じゃねー」と言われるほどに体力を指摘されてきた。

このように、自分では特に意識していないけれども、周囲から異口同音に指摘されるのが、その人の本当の長所なのだ。

あなたの長所は体力ではなく頭脳かもしれないし、美貌や容姿の美しさかもしれない。

自然の摂理に身を委ねるということは、あなたが授かった長所を活かせという意味だ。

肉体と精神を圧縮すると、長所で勝負せざるを得なくなる。

08

成功者は「今を生きる思考」をマスターしている

絶体絶命のピンチは、他人に指摘された自分の本当の長所で克服しよう。

刹那は永遠。
永遠は刹那。

ACTION. 2

今を生きるための お金

09

老後の蓄えは意外に少なくてもいいのだと知っておく。

仕事はいつまで続けられるのか？　年金は本当にもらえるのか？　老後の生活におけるお金の不安は、具体的に数値化することで払拭《ふっしょく》できる。そして何よりも重要なことは、その大切な蓄えをハイエナどもに奪われないことだ。

かつて「老後は2000万円くらいないと生きていけない」とか「いや2000万円では足りない」という噂が飛び交った。

こういう噂は、実際に計算してみれば早い。

あなたが、仮に60歳で定年退職したとしよう。

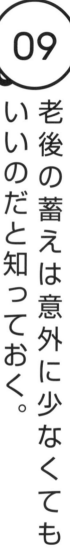

90歳まで生きるつもりでいるなら、30年間生きるのに2000万円で足りるのかを考えればいい。

2000万円を30で割ると約66万円になる。

年間66万円ということは、これを12で割れば毎月5万5千円ということになり、年金プラス5万5千円の生活ができるということだ。

年金が毎月5万円なら合わせて10万円強、年金が毎月10万円なら合わせて15万円強となる。

都会の一等地で生きるためには不足するかもしれないが、地方の持ち家なら十分生きていけるだろう。

そう考えると、老後の蓄えは意外に少なくてもいいのだと気づかされるはずだ。

老後を計算するには、30年＝360月と考えるとわかりやすい。

毎月年金プラスいくら欲しいのかを決めておくと、一発で答えが出せる。

毎月年金プラス10万円欲しければ、10万円×360月＝3600万円必要だし、毎月年金プラス30万円欲しければ30万円×360月＝1億800万円必要だ。

だから、現時点で3600万円ある人は、普通の生活をする分には何も困らないだろうし、1億円ある人は死ぬまでリッチな生活が約束されている。

大切なことは、コロナ禍などのパンデミック中に様々な勧誘を受けて、金融機関から搾取《さくしゅ》されないようにすることだ。

特に、会社員の退職金を狙った金融機関のハイエナは非常に多く、自分たちのノルマを達成するために、手練手管《てれんてくだ》で手数料の高いものだけを買わせようとする。

これまで30年以上勤め上げてきた集大成を、いかがわしいハイエナどもに奪われてはならない。

私は新卒で損害保険会社の本部に総合職として入社したし、転職先の経営コンサルティング会社でも、ラスト2年間は金融業界相手に仕事をさせてもらった。

複数の保険会社本体の密室で、代表取締役や幹部社員たちを相手に侃々諤々《かんかんがくがく》やり合ってきたし、保険の販売員たちが集う現場にも散々入り浸《びた》ってきた。

何を隠そう、私の第一作はまさに、この保険業界に向けて書いた本であり、保険業界の三大紙では長期の連載も担当していた。

そんな私が言うのだから間違いない。生命保険は原則不要だし、保険は掛け捨て以外全部無駄である。

保険の販売員に保険の相談をするのは自殺行為であり、彼ら彼女らは保険の専門家ではなく、「保険を売りつける歩合制の非正規雇用スタッフ」に過ぎない。

彼ら彼女らがあなたを保険に加入させた場合の販売手数料の高さを知れば、きっと殺意を抱くだろう。

金融商品の歩合制セールスとは、断じて関わってはならない。

09

成功者は「今を生きる思考」をマスターしている

老後に必要な蓄えを、金融機関に搾取されないように注意しよう。

10 あなたにとって、完璧な睡眠が確保できる環境の構築に投資する。

寝ることは誰にでもできる行為だから、睡眠を安易に考えている人は多いのではないだろうか。しかし、それを疎《おろそ》かにする人の人生は暗いものになる。免疫力を高めて生命力を養う、睡眠の重要性を話そう。

これは断言してもいいが、もしあなたが今この瞬間から幸せな人生に向かいたければ、完璧な睡眠が確保できる環境を獲得することだ。

私は学生時代から、常軌《じょうき》を逸《いっ》するほどに睡眠の質や満足感にこだわってきた。

その理由は、高校時代までの私が無理やり起きて無理やり通学していたため、それ

に対する猛烈な反動にあった。

早くこの地獄の人生から脱出して、死ぬほど熟睡したいと激しく熱望していたのだ。

家族から離れ、一人暮らしを始めてみると、そこには天国の人生が待ち受けていた。

眠くなったら寝て、食べたくなったら食べる。

これこそが自然の摂理に則った生き方であり、人間の生命力を最大限に引き出させる唯一無二の方法だと確信した。

さらに、睡眠も食事も両方大切だが、いずれかを選ぶとなれば睡眠のほうが大切だということも体感した。

病気になったら、食べるより寝るほうが遥かに効果的である。

病気も怪我も睡眠中に回復に向かうし、免疫力と睡眠には切っても切れない関係があるからだ。

古代ギリシアの医学の祖ヒポクラテスは、自分の弟子たちに2つのシンプルな戒めを遺したという。

まず、医師は患者の身体に傷をつけることなかれ。

次に、患者の自然治癒《ちゆ》力を崇めよ。

つまり、患者の病気や怪我を治すのは医師の力ではなく、患者の身体の力であるという真理を、彼は見抜いていたのである。

そして自然治癒力とは免疫力のことであり、免疫力は快適な睡眠で極限まで高められる。

普通の食事をしていれば、栄養は約2~3週間分は体脂肪や筋肉内にストックされており、問題ない。

これほどまでに睡眠は我々にとって大切なものであり、もしあなたがここにお金をかけられないようなら、人生はとても暗いものになる。

枕の高さが合わないなら、高さの合う枕に出逢うまで何度でも買い直すことだ。ひょっとしたら、枕ではなく座布団のほうがフィットするかもしれないから、それも試そう。いくら換気しても自分には酸素が足りないと感じたら、空気清浄機や酸素カプセルの購入も検討していい。

寝室のカーテンは遮光《しゃこう》性をよく考慮して、妥協せず選択することだ。

隣室が騒がしいとか家族とでは熟睡できないというのなら、引っ越しや別居も厭《いと》わないことである。

現在、私は南青山の書斎で生活しているが、寝室の環境を最優先で選んだ。

それも、2位以下に大差をつけての優先順位である。

完全防音なのは言うまでもなく、真っ昼間でも陽光を通さない遮光性の高いカーテンを使用しており、換気はまめにしているから酸素は十分だ。

そして何より、毎日の執筆で頭を、筋トレとウォーキングで身体を適度に疲労させているから、存分に熟睡できる。

人生のおまけとして睡眠があるのではない。

人生の中心に睡眠があるのだ。

よく生きるためにはよく眠ることが不可欠であり、そのための投資なら惜しくはない。

10

成功者は「今を生きる思考」をマスターしている

睡眠にお金をかけることができれば、幸せな人生を掴むことができる。

11 他人の半分の努力で他人の倍以上成長した能力に、徹底的に投資する。

あなたの頭脳レベルは、すべて遺伝で決まっている。
この厳しい現実を受け止めることで、
無意味な知識の詰め込みを捨て、
有益な別の能力を向上させるのだ。

この世で最もローリスク・ハイリターンの投資は勉強というのは、ほぼ間違いないだろう。

しかし、誰もが大学の再受験や社会人大学院への入学をすればいいというものではない。

英語の勉強も相変わらず根強い人気のようだが、投資というのは、かけた時間とお金に対して必ずリターンがなければならないものだ。

この厳しい現実から目を逸《そ》らすべきではない。

英文学者の故外山滋比古《とやましげひこ》は「習得した知識が役に立つのはせいぜい30代まで」と断言しており、それ以降はもっと自然に人生を楽しめと提案している。

ここからは私の飛躍した解釈だが、40代以降で勉強して知識が役に立つのは、10代の頃に受験勉強で頭脳を鍛え抜いたサラブレッドのみだ。

もっと言えば、中学までの義務教育をほぼパーフェクトに習得できなかった人たちは、20代以降でいくら知識を詰め込んで勉強しても手遅れだと思う。

私はこれまで1万人以上のビジネスパーソンと対話してきたが、中学までの義務教育の習得が疎かだった〝落ちこぼれ〟がいくら20代以降に発奮して読書に励んでも、陰謀《いんぼう》論やネットワークビジネスにハマって搾取されるのがオチだった。

さらに塾・予備校関係者や教育学者たちと密室で語り合った際に、彼ら彼女らが漏らした本音を公開しておこう。

10代の頃に義務教育をきちんと習得できた人たちというのは、すべて遺伝のおかげ

である。

知能指数はもちろんのこと、努力すらも遺伝であり、もはや勉強ができるようになるか否かは遺伝ですべて決まっているのだ。

読者の中でも勉強ができた人は、自分に水準以上の知能指数と努力できる才能を授かっている事実を知っていたはずであり、反対に勉強ができなかった人は、自分がもともと勉強に向いていない事実に薄々気づいていたはずである。

ここで大切なことは、あなたの人生の限られた寿命とお金を何に投資するかだ。投資には必ずリターンがなければならないという話は、すでにお伝えした通りだが、対象は必ずしも〝お勉強〟とは限らない。

もちろん、お勉強の才能がある人はお勉強に投資すればいいが、お勉強の才能がない人は別の土俵《どひょう》で勝負するべきだ。

その際に目利きとなるのが、これまでのあなたの人生を振り返って、他人の半分の努力で他人の倍以上成長した能力である。

「絵が上手い」「歌が上手い」「気が利く」「人を笑わせるのが得意」「人の話を聴くのが得意」という能力を、きちんと洗い出してみるのだ。

大切なことなので、親や兄弟姉妹、知人友人、会社の同僚や取引先の親しい人たちに直接聞いてもいい。

あなたが「確かにそうだな」と思えたら、それに投資して能力を向上させよう。

1つでは足りなければ、2つか3つを掛け算して相乗効果を狙えばいい。10人中1番の能力を3種類掛け算すれば、1000人中1番の能力になるから。

11

成功者は「今を生きる思考」をマスターしている

投資の失敗を避けるためには、勝負する土俵の分析が必要だ。

12

「コレ、安いから買っておこう」と感じたものは、買ってはいけない。

安いという理由だけで不必要なものまで買い漁る貧乏人と、必要なものを損をしないように格安で購入するお金持ち。ケチと倹約家の違いを解説しよう。

インターネット通販で格安セールをやっていると、つい買ってしまう人がいる。昔ならデパートのバーゲンセールが、それに該当した（いや、ひょっとして今でもやっているのだろうか）。

ああいうのに飛びついて群がる連中に、お金持ちがいないのはなぜだろうか。

それは、単に安物買いの銭失《ぜにうしな》いというだけではなく、必要でもないものを次々に買うことで、なけなしのお金がどんどん減り続けるからである。

貧乏人の家は、自分たちが貧乏だという劣等感からなのか、やたら部屋に物が溢《あふ》れていることが多い。

しかも、それらの物はすべて安物であり、センスが極めて悪いので、頭も悪く見える。

もしお金持ちがそれらを目にしたら、即絶縁されるだろう。

翻って、あなたはどうだろうか。

「コレ、安いから買っておこう」と感じたものは、基本的に買ってはいけない。

それらを買わないだけでも、あなたの貯金は増え続けるし、部屋も広々と使うことができる。

冷静に考えてみれば、安いから買うということは、適正価格だったら要らないということである。

つまり本当は不要だけど、ただ安いという理由だけで買い漁っているだけなのだ。

格安セールに便乗するのが、すべていけないわけではない。

たとえば、事前に「これは必要だ」と感じていたとして、いずれほぼ確実にそれが格安セールになるとわかっているのならば、チェックをして格安になった途端に購入すればいいだろう。

それは、ケチなのではなく賢明な倹約家《けんやく》である。

むしろ、お金持ちには賢明な倹約家が多く、計画的に安く仕入れる姿勢は共通して見られるものだ。

私はプロテインやお米を定期的に購入しているが、定価では絶対に買わない。

値下がりした瞬間を見逃さないように、定点観測している。

まるで、株価の変動を緻密にチェックしているかのように。

これはもはやゲーム感覚なのだが、プロテインやお米に限らず人生すべてにおいて、この姿勢を貫いているのだ。

宿泊するホテルは必ず最安値を精緻《せいち》にチェックするし、飲食などがすべて込みになるエグゼクティブフロアで、スイートルームがインターネット予約できない場合には、断じて値切らない。

要するに、格安セール中に購入しないと損をするものは必ず格安セール中に買うし、値切ることで逆に損をするものではお金をケチってはいけないということだ。

12

成功者は「今を生きる思考」をマスターしている

倹約家とは、締める時には締め、使う時にはドカンと使う人のこと。

倹約家とは、締めるべき時には締めて、使うべき時にはドカンと使う人のことであり、ケチとは、締めるべき時には浪費して、使うべき時には出し渋る人のことである。

そして概してケチのほうが、「コレ、安いから買っておこう」と興奮して購入する傾向が強い。

矛盾しているようだが、それが現実だ。

倹約家というのは、他人を喜ばせるためにもお金を惜しまない傾向が強く、ケチというのは、自分を喜ばせるためだけに安物を購入してキャッキャと喜ぶ傾向が強い。

13 「コレ、高いけど欲しい」と感じたものは、買っておく。

高いけど欲しいものは、本当に必要なものだ。

一流の世界に足を踏み入れたければ、躊躇は必要ない。

高級品を所有することで、あなたは今の立場以上の説得力を手に入れることができる。


この場合の〝高い〟というのは、割高という意味ではない。

自分の財力としては少々苦しいけれど、本当は必要なものと考えてもらいたい。

たとえば自分の生活やスキルアップのために、本当はパソコンがあったほうが断然便利なのに、高いからといって躊躇している場合は買ったほうがいい。

それを購入することで、すぐに元が取れるし、少なくとも何らかの結論が出るから、人生を一歩前に進めることができるだろう。

あるいは高級車や高級腕時計を所有するのは（嫉妬も含めて）批判されることも多いが、あなたがそれを持つことで精神的に満たされたり、エネルギーが漲《みなぎ》ってきたりするのであれば、買ったほうがいい。

所有してみたら飽きるかもしれないが、少なくとも共に過ごした時間は一生記憶に残るし、それについて語る資格があるからだ。

フェラーリを所有したこともない人間の蘊蓄《うんちく》よりも、実際に所有したことがあって「飽きちゃった」と言ったほうが説得力はある。

リシャール・ミルを所有したこともない人間の蘊蓄よりも、実際に所有したことがあって「俺はパテック・フィリップのほうが好きかな」と言ったほうが説得力はある。

私の場合は、20代の新入社員の頃から「コレ、高いけど欲しい」と感じたものは積極的に買うようにしていた。

その代表が靴だ。新入社員の初日からジョン・ロブを所有しており、当時の価格で10万円以上の靴を5足揃えて、月曜日から金曜日までローテーションで履《は》き回していたのだ。

毎月振り込まれる給料の半分以上がぶっ飛んで行ったが、今もそれらの靴はメンテナンスをしながら全部履き続けており、それ以来、革靴は数えるほどしか購入していない。

東証プライム上場企業の社長よりもいい靴を履いていると、もうそれだけで「勝った」と思えたし、靴好きのエグゼクティブたちから、数え切れないくらいの贔屓《ひいき》をされてきた。

もうライバルは誰もいないから告白しておくと、靴好きな人は必ず靴を洞察する力を持っている。

これは冗談ではなく、「ジョン・ロブっぽい靴」を履いてドヤ顔をしているのがいると、もうそれだけで「こいつ偽物」と絶縁されるくらいだ。

少なくとも、ダサい靴を履いていたら二度と口を利《き》いてくれないという、由緒正しいエグゼクティブは数多い。

「中身があれば靴なんてどうでもいい」というのは、バカの考えることである。

靴とは内面の一番外側だから、内面の一部なのだ。

その靴で手を抜くということは、面談している相手を見下している証拠である。

ここに議論の余地は一切ない。

靴の話をするとつい熱くなってしまうが、本当にそれくらい一流の世界では、靴は大切だということを知ってもらいたかった。

靴に限らず、「コレ、高いけど欲しい」とあなたが直感したものは、きっとこれからあなたがより幸せになるために必要なものなのだろう。

13

成功者は「今を生きる思考」をマスターしている

自分の財力では苦しくても、本当に欲しいモノにはその後のリターンがある。

14

生命保険の解約を、今この瞬間だけ真剣に検討する。

もしもの時に備えて、毎月多くの保険料を支払っている人は多いことだろう。しかし、それらは搾取されているに過ぎない。

保険会社に勤務経験のある私が、暴利のカラクリを解説しよう。


ちんたら払い続けているうちに、あなたの資産をどんどん蝕《むしば》んでいくものがある。

それが生命保険だ。

すべての生命保険が悪とは言わないが、基本的に生命保険は不要だと知っておいて損はない。

私のプロフィールにある通り、私は保険会社に勤務していたが、「これは笑いが止まらないくらい儲かるビジネスだな」と思ったものだ。

換言すれば、お客様は損をするビジネスだということである。

どうして駅前一等地に銀行よりも立派な保険会社の高層ビルが乱立しているのかと言えば、お客様からお金をどっさり集めているからだ。

どっさり集めたお金を自分たちで運用して、雪達磨《ゆきだるま》式に資産を増やし続ける。

それ以外の理由は、この宇宙に一切存在しない。

どれくらい儲かっているのかといえば、会社や商品ごとに差はあるものの、あなたが支払っている保険料の約半分が販売員の手数料として搾取されていることもある。

仮に初年度30万円支払ったとすれば、販売員の財布には約15万円が入っているという計算だ。

あの真っ黒に日焼けした顔にホワイトニングを決め込んだ歯で、あなたが断りにくくなる独特のいやらしい笑顔を見せてくるのは、あなたの顔がお札に見えるからである。

以下は私の話を疑ったうえで、さらに他の専門家の話や本も読むと約束したうえで、読み進めてもらいたい。

まず、掛け捨て保険以外は全部不要だということ。

販売員たちが「ボーナス」と呼んでお金が戻る仕組みは、単にあなたが払い過ぎていたお金を〝手数料を引かれて〟返してもらうだけの話である。

つまり、あの販売員たちのお腹の脂肪を分厚くするために、あなたは搾取されていたのだ。

次に、通院や入院の特約の類は全部不要だということ。

これもまた、販売員たちが暴利を貪《むさぼ》るポイントだ。

「保険というのは万一の際に入るのですから、できるだけ長期間の通院と入院特約を付けるべきですよ」というのは嘘で、そのほうが手数料はべらぼうに入るからだ。

さらに実際には、社会保険料で基準値の超過分は戻ってくるから、その種の特約は一切不要なのだ。

最後に、保険会社が資産運用の話をしてきたら、即中座せよということ。

保険会社は「万一の際に保険金を支払わせるため」の存在であり、あなたの資産を運用させる存在ではない。

いや、運用のプロは雇われているだろうが、それなら手数料が桁違いに安いネット証券か国債のほうがいい。

ネット証券では人が運用する商品ではなく、ＡＩが運用する商品のほうが手数料も安くて結果も変わらないから、断然おススメだ。

ＦＰ（ファイナンシャル・プランナー）を名乗ってドヤ顔をしている連中は、金融のプロでもエリートでも何でもなく、単なるノンキャリ販売員である。

基本的に保険の販売員の言動はすべて「おためごかし」だと憶《おぼ》えておけば、きっと私に感謝する日が来るはずだ。

14

成功者は「今を生きる思考」をマスターしている

生命保険は保険会社が儲かる構造なので、掛け捨て以外は全部不要。

15 持ち家か賃貸かを、今この瞬間だけ真剣に検討する。

長い間議論されているこのテーマにも、明確な判断材料は存在している。お金持ちの発想と貧乏人の発想の違いを知ることで、簡単に判断することができる。


あなたは持ち家派だろうか。賃貸派だろうか。

私はそれら両方を獲得した人間だから、これについて語る資格はあると思う。

私のような人間はそんなにも珍しくないだろうが。ちなみに持ち家は現金一括で購入したからローンは1円も組んでいないし、書斎として使っているマンションは日本一厳しいと言われる財閥系の審査を通過しないと入居できない賃貸だ。

結論から言うと、お金持ちはどちらでもいい。

というより、どちらでも得をしている。

なぜなら、そこに住みたいと思って現金一括で家を購入するということは、八百屋で食べたい野菜を買うのと同じだからである。

「欲しいから買う」は、完璧な理由になるのだ。

「でも売ったら損をすることもあるのではないですか？」とはまさに貧乏人の発想であり、仮に5年だけ住んで価値がゼロになったとしても、5年間の空間と時間を買ったのだから、得をしているのだ。

そもそも家を売って得られる差額など、お金持ちは最初から期待していないのだから。

賃貸の場合は、できれば財閥系の高級賃貸マンションがお得だと思う。

お得というのは安いという意味ではなく、お金に見合った空間と時間を約束されるという意味だ。

防音や耐震やセキュリティは言うまでもないが、何よりも24時間365日ずっとゴミを出すことができる至極の便利さに一度慣れると、もう離れられない。

「では、購入したほうがいいのでは？」というのも、貧乏人の発想である。

お金がある人は、空間と時間にお金を惜しまないのであり、購入することによって束縛されるのが嫌なのだ。

お金持ちには、いつでもより快適な場所に引っ越せるという選択権があり、それを使っても使わなくてもいいという自由がある。

繰り返すが、「損か得か」はお金の額ではなく、空間と時間の快適さで決まるということだ。

不快な場所からは1億円払ってでも移動したくなるが、その場合は1億円が安いと感じるのがお金持ちの発想であり、「1億円損した！」と騒ぐのは貧乏人の発想である。

以上の真実を確認したお金持ちは、全員首がもげるほど首肯《しゅこう》するだろうが、貧乏人は怒り心頭に発するだろう。

さて、ではお金持ちではない人の場合は、どう考えればいいのか。

持ち家も賃貸も両方獲得するのは不可能だから、やはり賃貸がいいのか。

答えは、「投資行為」として考えるというものだ。

ローンを組んで持ち家を購入するのを投資と考えると、基本的に損をすることに気づく。

ローンとは単なる借金のことであり、利子をつけられて、せっせと返さなければならない。

年功序列で給料が上がるとは限らないから、毎月の支払いが継続できる保証もない。

死んで借金がチャラになって得をするのは、そこに居座る配偶者のみだ。

子どもが独立して老後は狭いアパートで十分だと考えると、お金持ち以外は賃貸一択だと思うのだが。

15

成功者は「今を生きる思考」をマスターしている

持ち家と賃貸は金持ちは快適さで選べ。普通の人は賃貸一択。

16 今日の1万円と明日の1万円では、まるで価値が違う。

遅刻を軽んじる人は、上流の世界では通用しない。
それは、お金の価値観と直結している問題だからである。
お金の価値を理解していなければビジネスはできない。
それは単なる金額の大きさではないのだ。

私は、二度続けて無断遅刻をする人とは例外なく絶縁してきた。
それは、これまでに私が出逢ってきたエグゼクティブたちの価値観が大きく影響しているのは間違いない。

遅刻をする人は、お金の振り込みも必ず遅れる。

ありとあらゆる理由をつけて謝罪するが、もしゴルゴ13だったら、その場で射殺されておしまいだ。

そう考えると、遅刻がいかに重罪かがわかるだろう。

もちろん、遅刻をする人の中には天才肌やあえてそれをウリにしている人もいるかもしれないが、私の場合はその種の例外的存在の人脈は捨てている。

例外を捨てることで、ちゃんとした人との人脈を大切にしたほうが、長い目で見れば断然人生を豊かにすることがわかったからだ。

遅刻の常習犯は確率的に芸術家肌の人に多く見られたが、1人の例外もなく晩節を汚していた。

世の中は「遅刻くらいで何だ」とか「遅刻にうるさい人は仕事ができない」という風潮が流行っているが、それは下流の成功者がさらに下流の大衆を喜ばせて暴利を貪ろうとしている、という事実に早く気づこう。

上流の世界では、遅刻は一発でアウトであり、二度続けて遅刻したら永久追放になるのは常識である。

なぜなら待ち合わせに遅刻をする人は、すべてにおいて遅れる人であり、ビジネスの要《かなめ》であるお金の振り込みも必ず遅れるからである。

長年会社員をしているとわからないかもしれないが、今日の1万円と明日の1万円とでは、まるで価値が違うのだ。

会社経営者であれば全員熟知しているだろうが、今日お金がないために〝バンザイ(倒産)〟になる例は枚挙に暇がない。

中小企業の経営者が資金繰りで疲労困憊《ひろうこんぱい》しているのは、明日の1万円ではなく今日の1万円が必要だからである。

私が会社員の頃に経験しておいて良かったのは、売掛金の回収だった。

自分だけではなく部下たちの取引先からも回収したが、正直に告白すると、お金を稼ぐよりも楽しかったし、勉強になった。

ちょうど部下に回収の専門家がいたため、絶対に法律に触れないように「脅迫」のジャブを淡々と打ち続けると、誰もが精神的に折れて、100%の確率でお金を支払ってもらえたのだ。

まさに、『闇金ウシジマくん』の世界だった。

これは冗談ではなく、もう一度私が人間に生まれてきたら、「売掛金の回収のプロ」

をゴルゴ13のようにフリーランサーでやりたいと思っている。

会社員でも給料日を意識すれば、今日の1万円と明日の1万円では、まるで違うことに気づかされるはずだ。

それを取引先にも強く意識して守らせることで、きっとあなたは「こいつ、経営をわかっているな」ということで、組織での出世も早くなるだろう。

さらに向上心が強くて独立した暁《あかつき》には、あなたの最強の武器になるはずだ。

いくら売上を立てても、お金が振り込まれるのを確認するまでは、ビジネスは成立しない。

16

成功者は「今を生きる思考」をマスターしている

遅刻する人、支払いが遅れる人とは付き合わない。

お金とは力であるという
事実を忘れるな。
快楽を得られるだけではなく、
不快を取り除ける。

ACTION. 3

今を生きるための時間

17 投資のプロでもないのに、投資に時間を割《さ》かない。

楽して儲けるために、中途半端な気持ちで
あなたは投資をしていないだろうか？
大切な時間を費やすのは、そこではない。
世界レベルの本物を見ろ、真の投資は甘くないのだ。

あなたは、本物のプロの投資家を知っているだろうか。

マスコミやネット動画にしょっちゅう顔を出すような連中ではなく、本物のプロの投資家を。

一番わかりやすいのは、ウォーレン・バフェットだろう。

それに準ずる世界レベルの投資家たちをインターネット上で調べてみればわかるが、プライベートも含めて、人生すべてを投資に注いでいることがわかるはずだ。**旅行していても、パーティーを主催していても、本物のプロの投資家は常に、投資に関することで脳みそに微電流が走っている状態である。**

「日本のバフェット」と呼ばれている人もいるが、スケールが何桁も小さい。

もし、あなたがせこい自称投資家になって下流のお金持ちに埋もれたくなければ、投資に時間を割かないことだ。

こうして本を書くからには厳しい現実をお伝えしておくが、世界クラスの実績を残しているわけでもない限り、投資家如きが上流の世界に入って対等に話ができるほど世の中は甘くない。

若くして大金に膨らませることに成功しても、「え？　自分は日銀総裁よりもお金持ちなのに、この程度の扱いなの？」と、愕然《がくぜん》とするのがオチだ。

投資家が無意味な存在だとは言わないが、あくまでも資本主義の潤滑油《じゅんかつゆ》的な存在に過ぎない。

潤滑油は潤滑油に過ぎず、本体でも本流でもないから、お金は手に入れることができても、名誉や権威はないのだ。
この私にしても、どこかの投資家に「私には千田さんの100倍の資産がありますよ」とドヤ顔で言われても、「ふーん」としか思わない。

投資家なのだから当然、お金を増やして普通だろうと思うからだ。

もし何か事業をやっていて資産を100億円築いたというのなら少しは見直すが、単なる自称投資家の分際で他の職業の人よりもお金を持っていたからといって、身の程を弁《わきま》えろと思う。

かなり厳しいことをお伝えしてきたが、それでもあなたがプロとして投資家をやるのなら、ぜひ一流になって欲しい。

しかしあなたにそこまでの覚悟がなかったり割に合わないと感じたりしたのなら、投資にいちいち時間を割かないほうがいいだろう。

その程度の中途半端な覚悟では、一喜一憂しながら生命を消耗して、最終的には損をするというのがオチだからである。

ウォーレン・バフェットと、それに準ずる世界の投資家たちの学歴を見てみよう。
日本だと早慶旧帝大以上の格の大学出身者で占められているはずだ。

真の投資というのは、そのくらい生来の知能指数と強靭《きょうじん》な忍耐力が求められるのである。

日本人の多くのように、「勉強は嫌いだから」だとか「就活で全敗したから」というレベルの人間が関わるような仕事ではない。

経済評論家の山崎元氏の発信している情報を短期集中で学んだら、投資には脇目も振らず本業に没頭しよう。

17

成功者は「今を生きる思考」をマスターしている

プロの投資家を目指していないなら、脇目も振らず、本業に没頭しよう。

18 自分が癌《がん》になったらどうするのかを、今から決めておく。

癌と診断されてからでは手遅れだ。医師の金儲けのために、過剰な治療を受ける可能性があるからだ。

癌への備えを十分にしておけば、人生の最期を他人に委ねず、自分で決めることができる。

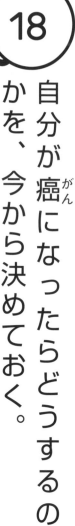

日本人の2人に1人が癌《がん》で死ぬという情報が流れて、随分経過する。
つまり癌というのは、病気というよりも老化現象の一環だと見なすことができるだろう。
実際に知人の医師に聞いた話では、80代や90代以降で「老衰」で亡くなったと診断された人たちを解剖してみると、ほぼ全員の遺体から癌が見つかったとのことだ。

これは、実に興味深い話だ。

なぜなら、健康診断や人間ドックで癌が発覚して放射線治療や抗癌剤治療を受けても、私の身内の例では1年〜2年程度で〝縮んだ猿〟のようになって死んでしまっていたのに、自分が癌だと知らないまま生きていた人たちが「老衰」とされて長生きしているからだ。

これは、いくら強調しても足りないくらい大切なことではないだろうか。

では、どうして健康診断や人間ドックで癌を見つけ、患者の身体にダメージを与える治療を続けるのか。

それは、暴利を貪るためだと考えるのが妥当だ。誰が暴利を貪るのかと言えば、医療業界である。これは陰謀論ではない。

私のように業界の外にいるからこそ、これまでに見えなかったものが見えてくるということが、経営コンサルタントの世界では多いのだ。

これはあくまでも架空の話だが、たとえば、抗癌剤治療を受けさせればトータルで病院に〇〇万円入るとすればどうだろう。

きっと病院の経営陣は、癌患者の顔を見ると○○万円というお札に見えるはずだ。

少し考えればすぐにわかるが、医師は人間であって神ではない。その他大勢の人間と同じか、中にはより強欲な医師だっているはずだ。

私だって、もし医師だったら、抗癌剤治療を受けさせる患者の顔を見て「はい、○○万円一丁上がり」と内心では小躍りする可能性が高い。

それに国としても、「生産性もなく、お金もなかなか使わない高齢者たちには、抗癌剤治療を受けさせて、さっさとくたばってもらいたい」という考えに至るのは、極めて論理的だろう。

すでにお断りしたように、以上はすべて架空の話であり、フィクションである。

もしあなたが「さもありなん」と感じたら、なるべく私の話と対極の意見にも目を通して、吟味《ぎんみ》してもらいたい。

故近藤誠医師の情報だけではなく、あえてその反対の情報にも積極的に触れることで、今から考えをまとめておこう。

私もあなたもあの人も、将来は癌になる可能性が極めて高い。

大切なことは、あなたに癌が発覚してからパニックに陥《おちい》り、法外な治療費の民間療

法や新興宗教に勧誘されて、高額な壺を買わされたり、お祓《はら》いをしたりしないことである。

その種の詐欺に引っかかるのは、自分が癌になるとは思っていなかったからだ。繰り返すが、癌はなるものだ。

少なくとも今から、「もし自分が癌になったらどうするのか」を決めておいたほうがいい。

個人的には、宗教学者である山折哲雄氏の「最期は断食」には共感するが、あなたはどうだろうか。

18

成功者は「今を生きる思考」をマスターしている

癌の現実を知ることで、治療法を自分で選択して有終の美を飾る。

19
1日が24時間という固定観念を捨ててみる。

習慣は、人それぞれだ。世の中の常識に従う必要はない。
自分のベストパフォーマンスを発揮できる独自の生活リズムを見つけることが、健康的に仕事を捗《はかど》らせる最善策なのだ。

あなたは、なぜ1日が24時間となっているかわかるだろうか。
単に、地球が約24時間かけて自転するからだ。
それ以外の理由は、この宇宙に一切存在しない。
もちろん、そうしたリズムに我々の生活を合わせたほうが何かと都合が良かったのは間違いないが、無理にあなたもそれに従う必要はない。

たとえば朝早いほうが仕事は捗るという常識は、主に肉体労働や単純作業に限る。頭脳労働者については、朝型の人もいれば夜型の人もいるのだ。

これは統計的にもハッキリと結論が出ている。

旧石器時代から人類は肉体労働を中心に生きてきたから、そのように身体も順応しているが、ここ最近生まれたクリエイティブな仕事は、早朝が適しているとは言い難い。

もちろん早朝が適しているクリエイターもいるが、深夜に頭が冴え切って実に素晴らしい仕事をしているクリエイターも多いのである。

小説家には村上春樹氏のように早朝から執筆を開始して、昼前には完全に終えるという習慣の人もいるが、陽が沈むと同時に書き始めて、陽が昇ると同時に書き終える人もいるようだ。

どちらかといえば、夜型の小説家のほうが多いのではないだろうか。

私自身もよく体験するが、深夜に執筆していると、宇宙と繋がる瞬間がある。

これは決してスピリチュアルな話ではない。

本当にまるで自分ではないかのようなアイデアが降りてきて、嘘のように仕事が捗るのだ。

会社員の頃は一時期、村上春樹氏と同様の時間帯に仕事をし、夜明け前に出社して始業には仕事を終えていた。

それは単純に早朝だと周囲に誰もいなかったから、私が仕事に没頭しやすかったというだけだ。

とにかく私は自分のペースを乱されるのが嫌いで、余計なノイズがあると能力が発揮できないのである。

現在の私は、1日が24時間という固定観念を捨てた。

眠くなったら寝て、これ以上眠れないという状態で起きる。

これを延々と繰り返し、起きている時間で好きなことに没頭している。

だから1日が24時間ではなく23時間や25時間で循環しており、数カ月ごとに朝型と夜型が繰り返されている生活だ。

毎日1時間ずつズレると、24日後には24時間ズレることになるからである。

つまり、地球の自転のリズムに私が合わせているのではなく、私は地球から独立し

て生活しているということだ。

朝型と夜型のいずれが健康に良いのかは、人によるとしか言いようがないが、少なくとも睡眠時間を確保できていれば大丈夫だ、というのが私の身体の実験結果から出た結論である。

朝型が良いと聞いて、無理に早朝に出社する習慣にしようとしたところ、過労で倒れたり、最悪の場合はそのまま帰らぬ人になったりした人を私は複数知っているが、いずれも睡眠不足だった。

朝型か夜型かに一切無関係で、妥協なき睡眠を確保している人たちは、全員例外なくすこぶる健康である。

19

成功者は「今を生きる思考」をマスターしている

常識に囚われず、自分の体に合った1日の生活リズムを見つける。

20

生涯賃金を早く稼ぎ終えると、時間の概念が一変する。

若くして大金を掴み、次のステージで好きなように生きている成功者たち。そのステージに上がるには、どうしたらいいのか？早くに生涯賃金を稼ぎ終える方法を教えよう。

私は新入社員になった入社初日に、「30代のうちに生涯賃金を稼ぎ終わろう」と決めた。
なぜなら、私と同い年のプロスポーツ選手はすでに大活躍していたし、同世代の起業家が富豪の仲間入りを果たしているのを目の当たりにしていたからだ。

彼らは天才だから、20代で生涯賃金を稼ぎ終えて、とっくに次のステージに進んでいるが、私は地方出身の凡人だから彼らよりも10年余計にかかるかな、と何となく思った。

さらに、入社初日に配属先のトップの重役に挨拶をした際、「こんなしょうもないオッサンが、こんなに広い個室を与えられているのか。彼は30年かかったかもしれないけど、俺だったら10年あれば、このオッサンと同じ個室を獲得できるだろう」と、一点の曇りもなく確信したからだ。

これはあちこちで親しい人に伝えてきたが、実際にその通りになった。

今振り返っても、「やっぱりな」という感想しかない。

ここで私は、あなたに自慢をしたいのではない。こんな自慢をして私が得をすることなど何もないだろう。

書店で本書を立ち読みした嫉妬深い人が買うのをやめて、逆に損をするくらいだ。

なぜこんな話を打ち明けたのかといえば、生涯賃金をさっさと稼ぎ終えることなど容易《たやす》いという事実を、あなたに知ってもらいたかったからである。

そのためには、もちろん会社員をしていてはほぼ無理だ。

会社というのは、生涯賃金稼ぎ終えるのを定年までお預けにすることで、マネジメントしようとする仕組みだからである。

もし会社員で年収1億円が続出すれば、優秀な人ほどさっさと辞めてしまうから、組織が成り立たないのだ。

一部外資系のトップ企業では30代で年収億単位という例もあるが、それは、いつ会社を辞めさせられるかわからないアップ・オア・アウト（出世かクビか）の世界で戦っているからである。

私はただ、あなたに「別に会社員だけが唯一の道ではないのですよ」とお伝えしたいだけだ。

会社員には会社員の良いところもあるが、面倒な人間関係や不要な会議など悪いところもたくさんある。

それなら、いっそのことフリーランスや起業をして会社経営者になり、さっさと成功して、会社員たちが一生で稼ぐだろうお金を稼ぎ終えてしまえばいいのだ。

あなたの勝ちやすい土俵で徹底的に勝ち続ければ、遅くとも独立後10年以内に稼ぎ終えることができる。

嘘だと思うなら、インターネットや書籍などで成功者たちの情報を収集してみればいい。

「この程度の若造でも、こんなに稼いでいるのか」と愕然《がくぜん》とさせられるはずだ。

楽天とかサイバーエージェントのような大企業まで成長しなくても、その辺のちょっと成功したベンチャー企業という名の単なる零細企業でも、年収1億の社長なんて履いて捨てるほどいる。

生涯賃金を稼ぎ終えた瞬間、人は本当に好きな時間を生きることができるのだ。

20

成功者は「今を生きる思考」をマスターしている

勝ちやすい土俵で勝ち続ければ、独立後10年以内に生涯賃金を稼げる。

21 村社会から飛び出すと、時間が激増する。

足の引っ張り合いに時間を費やす村社会。
その状況に嫌気が差し、自分の居場所に
悩んでいる人は、今が決別の瞬間だ。
脱出は、成功を引き寄せる第一歩である。

少し前に、「離島で起業すると補助金が支給される」「田舎で住むほうがカッコイイ」
という地方礼賛の風潮があった。
いや、今でもあるのかもしれない。
私は岐阜県各務原市という日本屈指の田舎出身だから断言するが、真に優秀な人や、

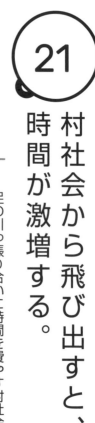

人生を一変させたい人は、絶対に東京に来たほうがいい。

ここで私は、「田舎には田舎の良いところがあり、都会には都会の良いところがある」という美辞麗句を並べて紙面の無駄遣いをしたくないのだ。

ズバリ、「本気で勝負したければ東京、それも23区に来い!」とハッキリ述べておこう。

人生を変えたくなければ村社会でメェメェ群がっていればいいが、人生を変えたければ、村社会から脱出しないと足を引っ張られるのだ。

これは、あなたが飛び出さなければ永遠に気づかないことだし、村社会の村人たちは完全犯罪であなたの才能を殺すことができるのだから、わざわざ教えてくれるはずがない。

私は高校を卒業してから故郷を捨てたが、その時点で、いかにこれまで足を引っ張られてきたかに気づかされて、全身が震えたくらいだ。

足を引っ張るのは、どこか遠くの知らない人ではなく、家族や兄弟姉妹や親族や自称親友たちだという事実を知っておくと、いざ裏切られた時のショックは小さくて済むだろう。

さらに、脱サラ後に自分がいかに完全犯罪の如く足を引っ張られていたのかにも気づかされ、独立後5年間は会社員時代の顔見知りとは絶対に会わないと決めた。

中には、間に人や会社を介してでも私にアプローチしようとする人間も1人や2人ではなかったが、間接的に「千田さん、この人とは会わないほうがいいと思いますよ」と、そっと耳打ちしてくれた人が現れて救われたものだ。

会社員時代も私におんぶにだっこ状態で食わせてもらっていた連中が、私が成功しているというのを知って、またしても便乗しようとしていたのだ。

きっとあなたは、こうして本を読むほど向学心の強い人なのだから、将来は成功する可能性が高い。

だから特別にお伝えしておくが、**これまで一緒にいた村人たちが理由もなくよそよそしくなったら、それはあなたが次のステージに進む合図だ。**

私が大学進学で故郷を出る直前と脱サラする直前に、まさにその合図があった。

異様な空気に包まれ、「ここは自分の居場所ではない」と、一点の曇りもなく直感でわかるのだ。

そう、「啓示」と言い換えてもいい。

きっとあなたがより村社会を脱出しやすいように、周囲が嫌な人を演じながら、背中を押してくれているのである。

これは善悪の問題ではなく、ただシンプルに、お互いが決別すべくして決別するのだ。

村社会から脱出した途端、あなたの時間が激増するが、同時に「ああ、これで良かったのだ」という悟りの境地に達するものだ。

最後に念を押しておくが、村社会からの脱出を断じて無理強いはしない。

21

成功者は「今を生きる思考」をマスターしている

村人たちがよそよそしくなったら、それは次のステージに進む合図。

22

自分は永遠に死なないと思っている人は、終始ノロノロしている。

なぜ、あなたはテキパキできないのか？
それは、自分の死を受容できていないからだ。
もしもあなたに偉大な才能があったとしても、
それを活かすも殺すも、死の受容から始まる。

昔観た洋画で、自分の余命がカウンターの数値でわかるという設定の作品があった。

概して富者は寿命が長く、貧者は寿命が短かったが、それはお金で余命を買えたからである。

私が興味深かったのは、富者と貧者は服装や顔つきではなく、歩き方や車の運転の仕方で一目瞭然《いちもくりょうぜん》だったということだ。

富者は自分が永遠に死なないと思っているから終始優雅に生きていたのに対して、貧者は刻一刻と死が迫っているから終始イライラ生きていた。

これを現代社会に置き換えると、わかりやすい。

現在は富者でもないのにノロノロしている人がわんさといるし、貧者ではないのにテキパキ生きている人がたくさんいる。

「スローライフ」という甘い言葉に救われる弱者も多いと思うが、それは「スローライフ・ビジネス」を成立させるための仕掛けであることに早く気づこう。

人は、いずれ必ず死ぬ。

そして自分の死を受容してからこそ、本当の人生が始まる。

自分の死を受容すれば、くだらない連中と群がって愚痴・悪口・噂話をして寿命をドブに捨てている場合ではない、と気づかされる。

そうした低レベル層からはイチ抜けて、本当に自分の使命を果たそうと命を燃やしたくなるはずだ。

今この瞬間の命をきちんと燃やし続けながら、いずれ必ず訪れる死までに自分の理想に少しでも近づきたいと希《ねが》う。

今この瞬間の命をきちんと燃やす人は、イライラ生きることはなく、テキパキ生きることになるだろう。

自分では落ち着いて優雅に生きているつもりでも、傍から見たら俊敏に見えるのだ。

それが、今この瞬間をちゃんと生きるということなのだから。

名人芸と呼ばれる業《わざ》を持つ職人さんたちを思い出してもらうとわかりやすいが、見物客には猛スピードに見えても、職人である本人はきちんと丁寧にこなしている感覚しかない。

丁寧とテキパキは矛盾しないし、イライラとノロノロも矛盾しないのだ。**むしろ、一流になればなるほど仕事を丁寧にテキパキとこなし、三流になればなるほど仕事をイライラしながらノロノロとこなす。**

私の場合は会社員時代に、文章を仕上げるスピードに驚愕されることが多かった。

自分では丁寧にやっているつもりでも、傍から見るとＤＶＤの早送りのようだと言われたこともある。

丁寧にやっているからスピードの割に誤字脱字も少ないし、どれだけ書いても疲れないから、放っておくと延々と書き続けることもできた。

その理由を虚心坦懐に分析してみたところ、私の才能と努力を除けば、私が自分の死を受容していることが大きいと気づかされたのだった。

自分の死を受容していない人は、あと千年や万年生きられると思っているから雑にチンタラ文章を仕上げる。

仮にいくら偉大な才能に恵まれて猛烈に努力のできる人でも、自分の死を受容していなければ、きっと虚しい空回りになると思う。

22

成功者は「今を生きる思考」をマスターしている

今この瞬間の生命を燃やす人は、仕事を丁寧にテキパキとこなす。

23 10代で勉強をサボった人は、頭脳労働には向いていない。

下流から上流に這い上がることが難しいように、才能や努力ではどうにもできない厳しい現実がある。向いていない場所にしがみつくことほど、無駄なことはないのだ。


愛情たっぷりに、かなり厳しい話をしよう。

どうか、心して読んでもらいたい。

頭脳労働はカッコイイと思っている人はとても多いが、全員が頭脳労働に就けるわけではない。

それはそうだろう。

どんな組織でも、呼び方は違えども上流と下流に分かれている。総合職と一般職、キャリア組とノンキャリ組などがそうだ。そして例外を除けば、両者が自由に行き来することはない。

一般職やノンキャリ組がどれだけ実績を挙げたところで、総合職やキャリア組に入れてもらえることはないのだ。

どうしてこんな区別をされるのかと言えば、実際に入り口の段階で上流と判断された人しか頭脳労働には向いていないことが、経験上わかっているからである。

先に「例外を除けば」と断ったが、私は2社の東証プライム上場企業で会社員をしていた期間に、それぞれ1人か2人ずつ上流から下流に落ちた人がいたからだ。

その逆に、私の知る限りでは、下流から上流に上がった人はただの1人もいなかった。

一切の綺麗事を排除すれば、由緒正しい大企業の総合職と一般職とでは、何よりもまず「学歴」が明確に違う。

会社により差はあるが、総合職は早慶旧帝大以上卒を中心に、下限で駅弁ＭＡＲＣ

H関関同立卒、一般職はコネ入社の高卒・短大卒・Fラン卒を中心に、上限で駅弁MARCH関関同立卒というパターンが多い。

繰り返すが、上流から下流に転げ落ちることはあっても、下流から上流に這い上がることは滅多にないのだ。

私は経営コンサルタント時代に、この原因を社内外の人事担当者たちと徹底的に話し合ったこともあるが、次のような理由に落ち着いた。

10代で勉強をサボった人は、頭脳労働には向いていないということである。私自身は学者の話も1次情報で聴いており、もっと厳しい現実を知っている。

「10代で勉強をサボった人」という表現はまだ甘く、より正確には「10代で勉強の成果を出せなかった人」だ。

私たち大人の仕事がそうであるように、本人が頑張ったかどうかが重要ではなく、成果を出せたか否かが重要なのだ。

頭脳労働というのは、物事を深く考え抜く力がなければ、お話にならない。

そして、その力は10代の頃にどれだけ深くまで粘り強く考え続けることができたかで、もう決まっている。

これまた科学的にハッキリしているが、10代の頃に100の深さまで考え抜いた人は一生100の深さを基準に物事を考え抜くことができるのに対して、10代の頃に10の深さまでしか考えなかった人は一生10の深さでしか物事を考えられないというのが現実だ。

いかがだろうか。

ひょっとして、絶望的な気持ちになった人もいるかもしれない。

しかし、人生を本気で変えたければ、事実を受容することが大切だ。

いかなる高い目標でも、事実という今この瞬間からしか出発できないのだから。

頭脳労働以外にも、無限に仕事はある。

23

成功者は「今を生きる思考」をマスターしている

10代で勉強の成果を出せなかった人は頭脳労働は向かない。

24

本当は嫌いなのに、無理にゴルフをしない。

付き合いゴルフは寿命の無駄遣いだ。

勝負を競う激しいスポーツがいいとも限らない。

あなたにとって、どの運動を日課にするのがベストなのか、私の経験から話そう。


別に、私はゴルフに恨みがあるわけでもなければ、憧れがあるわけでもない。極めてフラットな視点で語れると思うから、ここで例に挙げた。

私はこれまでに、ゴルフを一度したことがある。

ハッキリとは憶えていないのだが、新入社員の頃に半強制的に参加させられたと思う。

大学時代の読書で「食わず嫌いだけはするな」と教わったから、何でも一度はやってみようと考えていたため、これはこれでいい。

その時に私が抱いた率直な感想は、こんなに時間のかかるスポーツは自分には向いていない、というものだった。

そして、もう二度とやるまいと心に誓ったものだ。

ただ、冒頭で述べた通り、恨みがあるわけでもないから何かの拍子に始めるかもしれないが、今のところその予定はない。

それで、これまで私が何か損をしたかといえば、ひょっとしたら自分の知らないところで損をしたのかもしれないが、得をしたことのほうが多いと思っている。

むしろ、ゴルフとは無縁の生活を送ってきたからこそ、全エネルギーを思索と執筆に注ぐことができたし、妥協なき休息や睡眠を確保することができたからだ。

ゴルフに限らず、野球やフットサルやトライアスロンをやっている知人の社長たちも多かったが、私はそれらにも参加したことはない。

その代わり自室で筋トレとウォーキングをするのが日課となっており、これは執筆にも好影響を与えていると確信している。

執筆というのは、自分では特に意識をしていなくても、頭をかなり使う行為だ。

脳の消費カロリーは激しく、体力とは切っても切れない関係にあると言っていい。

一流の学者には本格的なデブが極めて少ないが、それだけ脳のカロリー消費量が多い証拠だろう。

それに、三島由紀夫やヘミングウェイのような力強い文章を生み出すためには、まず何よりも体力がなければならない。

万一、この先私が「……かもしれないし……かもしれない。みんなそれぞれ正しい」といった弱々しい文章を書き始めたら、それは私の体力が衰えた証拠だ。

日々思考する仕事に就いている人であれば首肯するはずだが、頭を使っていると、放っておいても身体を動かしたくなる。

それは必ずしも勝ち負けを競うものや激しいスポーツがいいとは限らず、ジョギングやウォーキングといった、1人でお手軽にできるもので、十分解消できるのだ。

村上春樹氏がジョギングと水泳を日課にしているというのを知った時、「さすがだな」と感激した。

だから、本当は嫌いなのに付き合いでゴルフをしないことだ。

ゴルフが好きなら死ぬほどやればいいと思うが、嫌々やるとゴルフの神様にも申し訳ないし、何よりあなたの寿命の無駄遣いがもったいない。

人生で運動の習慣はマストだと私も思うが、自分の性格や体質に合ったものを選ばないと、単なる苦行と化し、寿命を縮めてご臨終となるだろう。

24

成功者は「今を生きる思考」をマスターしている

体を動かす習慣は大切だ。自分の生き方や体質に合った運動を選ぼう。

時間は、お金より遥かに大切だ。
お金の無駄遣いをしても
時間の無駄遣いはするな。

ACTION. 4

今を生きるための人間関係

25 感じの良い会釈を習得しておく。

「どうして自分ばかり嫌な目に遭うんだろう?」と
悩んでいる人は、人間関係を見つめ直すしかない。
この方法を習得すれば、嫌いな人間とは
“挨拶《あいさつ》だけ”で終わらせることができる。

仕事がつまらないのは、人間関係がつまらないからだ。
人生がつまらないのは、人間関係がつまらないからだ。
そのくらい、すべての悩み事の淵源《えんげん》には人間関係が横たわっているものだ。
あなたがどんなに性格が良かったとしても、成功したら必ず愚痴・悪口・噂話をさ

れる。

完璧な人格者でさえも、「あの人は誰にでもいい顔をするから気をつけなさいよ」と悪口を言われる始末だ。

もちろん、あなたがそんなヒソヒソ話集団に属しているはずはないと信じているが、人は一度落ちぶれると這い上がるのは極めて困難だから、注意すべきである。

さて、そんな世知辛い世の中で、人間関係のリスクを最小限に抑える方法がある。

それは、感じの良い会釈を習得しておくことだ。

どのように習得するのかといえば、一流ホテルやレストランのスタッフ、さらには周囲で感じの良い人の真似をすればいい。

せっかく一流ホテルやレストランに行ったのなら、スタッフの中で一番素敵な会釈をした人からパクるのだ。

そうすれば一生モノの武器になるし、完全に元が取れるだろう。

ちなみにマナー講師が開催するセミナーは、あまりおススメしない。

中には例外もいるかもしれないが、マナー講師の大半はマナーができていないからである。

私は経営コンサルタント時代に三桁のマナー講師たちと出逢ってきたが、セミナーの内容とはまるで違い、酷いマナーだった。

経歴もパッとせず、何をやっても一人前になれなかったために、マナー講師を自称して、弱い者いじめをしているだけの最低人間が多かったものだ。

マナー講師に限らず、セミナーで生計を立てている人に一流の人物はほとんどいないという事実を知っておくと、無駄な遠回りをして後悔せずに済む。

能力が低くて性格の悪い人と同じ空間で呼吸していると、腸内細菌を飛沫《ひまつ》感染し合って、自分まで無能かつ性悪人間になってしまうという科学者たちの仮説もある。

できれば、嫌いな人間とは〝挨拶だけの関係〟で終わらせるのが利口な生き方、というものだろう。

私は会社員時代に、身近に素敵な会釈をする人がいたし、取引先の人にも飛び切り素敵な会釈をする人がいたから、自分流にアレンジして習得した。

正直に告白しておくと、現在の私は、もう会釈すらする必要がないくらいにノンストレスな人間関係で環境を固めているが、会社員時代には、数々の素敵な人たちからパクった会釈だけで受注できた、と感じる仕事がいくらでも思い出せる。

努力家で向上心のあるあなたにだからこそ、最後にとっておきのアドバイスをしておくが、「感じの良い会釈」は人によって正解が違う。

目の奥まで笑って口角を上げること以外は自分流にアレンジしないと、ただの「キモい人」になってしまうから要注意だ。

25

成功者は「今を生きる思考」をマスターしている

会釈は大切。素敵な会釈をする人を真似つつ、自分流にアレンジしよう。

26

理不尽になめられたら、必ず〝落とし前〟をつけさせる。

自然界と同様に、人間社会にも敗北してはいけない時がある。世の中は弱肉強食であり、なめられることは、負けを意味する。頭を使った復讐方法で突破口を開くのだ。


ハーバードのＭＢＡを取得した某経営コンサルタントが起業し、あっという間に会社を東証プライムに上場させた。

その会社が大切にしていることの一つに、「攻撃力」があった。

それを見た私は、感激したものだ。

よく凡人たちは「死ぬ気で頑張ります！」と興奮するが、お前ら如きが死んでも何ら意味がないという現実を忘れてはいけない。

戦争や勝負で勝つためには、まず何よりも「殺す覚悟」がなければ敗北するのだ。

敗北すれば自分はもちろんのこと、自分の大切な人すら守れない。

この事実は、いくら強調しても足りないくらいだ。

冒頭の会社経営者は、創業当初は零細企業ということで、とにかく見下されたという。

だから採用では「攻撃力」の素質を感じる人間を厳選し、突破口を開いたのだ。

あなたの周囲を虚心坦懐に振り返ってもらいたい。

攻撃力のある人や会社は、短期的にはバッシングされて凹まされたとしても、長期的には必ず頭角を現しているのではないだろうか。

それは、攻撃力が自然の摂理に則っているからである。

ご存知のように自然界はもともと弱肉強食であり、それを人間社会が人工的に弱者を守ってあげているだけだ。

筋トレで身体を鍛えるのは、「いざとなったらお前を殺せるぞ」というメッセージであり、弱者はそれに対して、せこい〝猫騙し〟で乗り切るしかない。

それはそれで弱者の知恵だが、やはりそれでは悲し過ぎるし、醜さが漂う。

もちろん私は、ここで暴力を推奨しているわけではない。

むしろ、その対極である。

暴力を振るえば今の社会は一発でアウトだからこそ、理不尽になめられたら、必ず〝落とし前〟をつけさせる攻撃を習慣にしておくことが大切なのだ。

負け癖をつけてはいけない。

勝ち癖をつけるのだ。

ここで私が復讐方法を具体的に列挙すると、すぐにそれを猿真似する連中が登場する。

中には、猿真似どころか悪用して逮捕者も出てしまうかもしれないから、自分の頭で考えることだ。

本書では、そのためのヒントをそっと囁《ささや》いておこう。

誰でも真っ先に思いつくのが、インターネットで復讐方法を検索することだろう。

インターネット上で「復讐」と検索するよりも、日々流れ続けるニュースで実際の犯罪例から学んだほうがいい。

犯人が逮捕されたということは、失敗したということだ。自分ならどうすれば失敗しなかったのかを考えると、完全犯罪で復讐できるアイデアを思いつくだろう。

世の中には未解決事件がいくつもあるが、それは犯人が成功したということだ。

成功したら自分の功績、失敗したら自分の責任である。

あるいはもっと身近な例だと、自分自身が「あの時はハメられた」という苦い思い出が、誰にでも一度や二度はあるはずだ。

それをそのまま、人・場所・時を変えてやれば成功率は高い。

政界・官界・財界・学界では、復讐は日常茶飯事であり、〝落とし前〟をつけさせないとなめられる。

26

成功者は「今を生きる思考」をマスターしている

攻撃を習慣にして勝ち癖をつけ、完全犯罪を計画して復讐する。

27 マウンティング合戦に巻き込まれそうになったら、お手洗いに行く。

マウンティングは相手に見透かされ、一生憎しみを買う損な行為であり、誰もが被害に遭う〝交通事故〟だ。そんな時、あなたならどうするか?


世の中はマウンティング合戦が流行っている。

実は「マウンティング」という言葉が生まれるよりもずっと前から、人間社会ではマウンティングが盛んに行われていた。

最近になってそれを、「猿が自分の優位性を示すために、相手の身体の上に乗っかる行為」に被せて、マウンティングと名付けられただけだ。

マウンティングの本質は、こうだ。

格下が格上に対して「自分だって負けていないぞ!」と、〝部分勝ち〟を強調することである。

なぜ部分勝ちを強調するのかといえば、総合力では完敗していることを本能で悟っているからだ。

たとえば女性にありがちなマウンティング例は、手足の短いブサイクがスレンダー美人を目の当たりにして、「でも学歴は私のほうが上だし……」「でも私の彼のほうが年収は高いし……」と、相手よりも自分が上であることをアピールするものだ。

胸の大きさしか取り柄のないブサイクな女性が、必ず自分の胸の大きさを強調する服を着るのもマウンティングの一種である。

そのブサイクな女性はスレンダー美人を目の前にすると、絶対、必ず、100%の確率で「でも私のほうが胸は大きいし……」と留飲を下げる。

それが悪いとは、私は言っていない。

ただ、それは自然の摂理であると言っているのだ。

男性にありがちなマウンティングとしては、次のような例を三桁以上、目の当たりにしてきた。

三流私立大学出身のオヤジが早慶や一橋出身の部下や後輩に対して、「東大と京大以外はみんな一緒だ！」と諭《さと》すふりをしながら、ちゃっかり自分と彼らを同列に並べようと涙ぐましいマウンティングをかますといったものだ。

三流私立大学から松竹梅の「梅枠」で大企業に拾ってもらったオヤジが、一流国立大学出身の同僚に対して、「人生は就職先がすべてだよ！　いくら勉強ができても、お前と俺は一緒になったじゃないか！」とシャウトして、結局、一流国立大学出身の同僚の部下になり、曾孫《ひまご》会社に飛ばされるような事例もあった。

以上は、すべてありのままの事実であり、本書を読んだ本人から「これは俺のことじゃないか！」とクレームが入りそうなくらいだ。

なぜ私が、ここまで惜しみなく事例を晒《さら》すのかといえば、それだけマウンティングというのは相手にバレバレであり、一生憎しみを買う、極めて損な行為だと知ってもらいたいからである。

知ってもらいたいだけではなく、あなたの人生に落とし込んで習慣化してもらいたいのだ。

あなた自身がマウンティングをかまさないのはもちろんのこと、マウンティング合戦に巻き込まれるのもいけない。

マウンティング合戦に巻き込まれたのは、あなたがその程度の格下と人生を送っている証拠である。

いかなる理由があろうとも猛省し、お手洗いに行くふりをして中座しよう。

格下と一緒に座っているのを一流の人に見られたら、即、絶縁される。

27

成功者は「今を生きる思考」をマスターしている

マウンティングをするような相手とは、付き合いをやめる。

28

誠実な人には、詐欺師が集《たか》る。

誠実なあなたより、性格の悪いライバルが
成功して嫉妬している人も多いだろう。
しかし、それは自然の摂理なのだ。
誠実と成功について話をしよう。

あなたは、きっと性格が良い人なのだろう。
こうして本を読んで真摯《しんし》に学ぶということは、もうそれだけで誠実な証拠だ。
だからこそ、あえて厳しい現実をお伝えしたい。
誠実なだけでは成功できない。

いや、もっとハッキリと言おう。

誠実だと成功できないのだ。

嘘だと思うのなら、世の中の成功者と思われている政治家や大企業の経営者たちの人相を、虚心坦懐に見てみよう。

どいつもこいつも、ヤクザ顔負けの人相をしていることに気づかされるはずだ。

成功者には性格の悪い人間が圧倒的に多いが、彼ら彼女らは成功してから性格が悪くなったのではなく、性格が悪いから成功したのである。

ちなみにトップ・オブ・トップである天皇陛下やその一族、場合によっては総理大臣の何割かは誠実な人が多い。

その水準になると、誠実でいても周囲が守ってくれるからだ。

それ未満の普通の国会議員や東証プライム上場企業の社長だと、ただ誠実なだけでは足をすくわれる可能性が高く、逆に晩節を汚すだろう。

国会議員や東証プライム上場企業の社長ですらもそうなのだから、並の成功者で誠実となれば、もはやお先真っ暗だ。

とりあえずトップ・オブ・トップとして国から税金で護衛が派遣される身分でもな

い限り、誠実な人には詐欺師が集ると憶えておけば間違いない。

私がここまで誠実さについて執拗《しつよう》に述べるのは、これまで出逢ってきた人の中に、誠実であるがゆえに不幸になった人たちがあまりにも多かった、という現実があるからである。

学校の教師や親は、「誠実になりなさい！」とあなたを日々洗脳し続けたはずだが、世の中はそんなに甘いものではないし、単純でもないのだ。

そう洗脳した学校の教師や親は誠実だったからこそ、その程度の人生で終わったとも言える。

誤解してもらいたくないのは、「誠実は悪だ」とか「誠実は無意味だ」と私は言いたいのではない。

誠実さは美しいものだと私も思うし、誠実さが世の中から消えたら、もはやおしまいだとさえ思っている。

しかし、本気で誠実を貫き通したければ、やはり強者にならないと実現できないという現実を述べているのだ。誠実な発言や行為が認められるのは強者によるものだけであり、弱者がやらかすと途端に白けてしまう。

これは、善悪を超越した自然の摂理だ。

きっと自然の摂理からのメッセージは、こうではないだろうか。

「誠実であることと弱いことは似ていないのは、もちろんのこと、そこには接点すらない。むしろ対極の関係にある。誠実を貫きたければ、正々堂々と強くなれ。強くなってから誠実を存分に語りなさい」

いかがだろうか。

誠実を貫くためには本人が圧倒的な強者にならないと、その資格は与えられないのである。

わざわざ自分の誠実さアピールするのは、そのほうが強くなるよりも遥かに簡単で無責任だからだというのは、バレバレなのだ。

28

成功者は「今を生きる思考」をマスターしている

誠実な人は成功できない。誠実さを貫けるのは、超越した強者だけ。

29 低学歴が上流社会に入りたければ、自分がバカだと受容すること。

「学歴なんて糞くらえ！」と思っていたとしても
そこには厳しい現実が待っている。
学歴の差が成功の仕方にも影響するのだ。
上流の成功と下流の成功との違いとは？

10年前には本では書けなかったが、最近になってようやく大丈夫な社会になってきたようなので、この機会にきちんと述べておこう。

成功には二通りある。

上流の成功と下流の成功だ。

上流と下流は業種業界で決まるのではなく、「学歴（正確には入学大学）」で決まる。

具体的に言うと、早慶旧帝大以上の出身者が成功すると上流の成功、早慶旧帝大未満の出身者が成功すると下流の成功だ。

もちろん点で見ればいくらでも例外はあるが、点の集合である〝面〟で捉えれば、ほぼそうなっている。

上流の成功者の中に下流の人間が紛れ込むと空気の如く排斥されるし、上流の世界で下流がトップに立つ場合は「捨て駒」もしくは「繋ぎ」の役割だと相場は決まっているのだ。

大手企業の倒産で涙の謝罪会見をした社長や、「今太閤」と呼ばれて妙な干され方をした総理大臣を思い出せば、もうこれ以上説明の必要はないだろう。

私の独断と偏見ではなく、世の中はそうなっているという、ありのままの現実を披露したまでだ。

ちなみに、これは日本だけではない。イギリスやフランスはそれぞれトップ4の一流大学出身者しかエリートとして認められないし、アメリカだとトップ20、妥協してもトップ30くらいの大学出身者が、エリートとして上流の世界で君臨している。

お隣の韓国では日本よりも遥かに受験戦争が激しくて、ＳＫＹ（ソウル大学校・高麗大学校・延世大学校）というエリートの登竜門が確立している。

以上から、人口約１５００万人あたりに１校の割合で一流大学は存在することになるが、人口比率から日本には一流大学が約８校存在することになり、それが旧帝大＋αというわけだ。

世の中というのは本当に上手くできているものだ、と感心してしまう。

それでは、早慶や旧帝大とそれ未満の大学では一体何がそんなに違うのだろうか。

これについては答えがハッキリしている。

本音を教えてくれる塾・予備校講師であれば必ず同じことを言うが、早慶と旧帝大は勉強に向いていない人がどれだけ努力しても、一般の筆記試験で合格することが不可能なのだ。

早慶だと「一体何を勉強したらこんな問題が解けるようになるの？　もうこれ以上勉強することなんてないのに」と断念して、ＭＡＲＣＨ関関同立以下に甘んじる人が日本国民の95％である。

北大や九大などの旧帝大だと「文系でも数学が必須で、しかも合否の決定打になる。

学校で配布された〇〇チャートを全部マスターしたのに、いつも0点」と断念して、駅弁大以下に甘んじる人が日本国民の95％である。

早慶旧帝大以上に一般の筆記試験で正統に合格するのは、努力だけでは何ともならないから価値があるのだ。

では、低学歴が上流社会に入るのは不可能なのか。

そんなことはない。**唯一の方法は「バカでーす！」と自らバカを受容し、〝かわいげ〟で勝負することだ。**

29

成功者は「今を生きる思考」をマスターしている

低学歴が上流社会に入るためには、バカを武器にする。

30 苦手だけど尊敬できる人とは絶縁しないほうがいい。

嫌いな人から逃げ続けても学びはない。

あなたにとっての好悪と成長は、必ずしも結びつかないのだ。私を成長させてくれた苦手な師匠の話をしよう。


あなたを成長させてくれる人は、必ずしもあなたが好きな人ばかりではない。

苦手だけど尊敬できる人が、あなたの飛躍するきっかけを作ってくれることが多いのだ。

私は、そんな本を書くことを目指している。

基本的に師匠というのは、自分の苦手なタイプの人が多い。

その理由は、少し考えればすぐにわかる。

もし誰にでも好かれるような師匠だったら、そもそもあなたが教えてもらえる機会なんて巡ってくるはずがないからだ。

師匠の性格に癖《くせ》があったりプライベートがボロボロだったりするからこそ、あなた如きが教えてもらえるのである。

私の過去を振り返っても、卓越した師匠は例外なく嫌われ者だった。

私が嫌っている100億倍くらい、周囲から嫌われていたと思う。

しかし私は大学時代の読書から「だからこそ、この師匠は自分が独占できるのだ」と感謝して、しごきにしごいてもらったのだ。

ここに嘘は一つもない。そうした嫌われ者の師匠から逃げ回っていた連中が現在どうなっているのかも、ここで公開しておこう。

1人の例外もなく、冴えない人生を送っている。

少なくとも私から見たら、全員敗北者だ。

極限までお世辞を言っても、「凡人」止まりである。

当時は、「どうして千田さんは、あんな上司の下でいられるのですか？」「千田さんのほうがあの上司よりも優秀なのに」と異口同音に言われ続けたが、私の信念にブレはなかった。

正直に告白しておくと、逃げ回っていた同僚の中には、私よりも遥かに優秀な人材が何人もいたものだ。

だが彼らは毎年どんどん頭が悪くなっており、魅力もなくなっていた。

それは、彼らが好悪で師匠を選んでいたからだ。

未熟者の分際で師匠を好悪で選んでいると、どんどん〝プライドの高い落ちこぼれ〟になって、20年もすれば仕事ができなくてキモいオヤジになってしまう。

ここで私は、「嫌いな人から師匠を選べ」という話をしているのではない。

師匠が大好きならそれに越したことはないが、そんな確率は低いのだから期待するなと言いたいのである。

何かあるとすぐに「〇〇ハラ」と騒ぐ風潮にあるが、だからこそこれからの時代は、本気の人にとってはチャンスなのだ。

もちろん、あなたの心身に異常をきたすような場合はその限りではないが、「こんなにも優秀な人から教われるのだから仕方がないな」と思えれば、多少のことには目を瞑《つむ》ったほうがいい。

私の場合は学生時代から今日に至るまで、ずっとマンツーマン状態で師匠がついて成長させてくれた。

もともとマンツーマン指導ではなかったのに、気がついたらそうなっていたのだ。

それだけ師匠に癖があったのか、私が忍耐強いのかはわからない。

ただ一つ言えるのは、私が成長に対して周囲の誰よりも貪欲だったことだろう。

自分は特別な存在であるという自惚《うぬぼ》れと、今は雑魚《ざこ》だという事実の受容が私をそうさせたのだ。

30

成功者は「今を生きる思考」をマスターしている

苦手でも尊敬できる師匠には忍耐強く、学び続けよう。

31 人間関係を長続きさせたければ、会う頻度を減らす。

長時間一緒に過ごしても、良い人間関係が続くとは限らない。それはむしろ逆効果なのだ。私が実践して成功を収めた効果絶大の人心把握術を教えよう。

最初にお断りしておくが、人間関係には賞味期限がある。

これは、納豆や生卵に賞味期限があるのと同じだ。

ただし、人間関係の場合は工夫次第で長続きさせることができる。

「太く短く」という言葉もあるように、ねっとりと長時間一緒にいると、やはり人間関係はある日突然途切れやすい。

「小人の交わりは甘きこと醴《あまざけ》の如し」というのは、確かにその通りなのかもしれない。

世の中には仮面夫婦が多いのも頷ける。

だったら、その反対をやればいいのだ。

短時間しか一緒にいなければ、人間関係はのらりくらりと続くものだ。

しょっちゅう会うのではなく、たまにしか会わない。

毎日のように会うのではなく、年に一度しか会わない。毎年会うのではなく、数年に一度しか会わない。

そうすることでお互いが新鮮に感じられるし、「自分も成長しなければ次はない」という良い緊張感が保たれるのだ。

「君子の交わりは淡きこと水の如し」とは確かにその通りなのかもしれない。

これは私自身の経験からも、よくわかる。

私は10代の頃までねっとりと長時間一緒にいることを正しいと思っていた。

これは「友だちだけは大切にしなさい」「10代の友だちは一生の宝物」といった洗脳を、周囲の大人たちから散々受けてきたからである。

しかし、ある時これは正しくないということがわかった。

それは、大学入学を機に一人暮らしを始めて、私に読書の習慣がついたからである。

本の世界には古今東西の賢者の知恵が溢れており、これまでの私の人生がすべて否定されたのだ。

それは本当に快感だった。

古今東西の賢者たちの知恵の集大成は、「人間関係は付かず離れずに限る」というものだ。

これを、ただ知っているだけではなく実際に行動に移し、さらに習慣化しなければ人生は変わらないとのことである。

私にとっては人生初の試みだったが、効果は絶大だった。

付かず離れずのスタンスを徹底して貫いたところ、私に名残惜しさを感じる人が続出して、自分の価値が勝手に高まったのである。

これで味を占めた私は、社会人になってからも商談で試してみた。

結果はビンゴだった。

約束の時間よりも必ず早くお暇《いとま》するようにし、商談は盛り上がってきたところでシュパッと姿を消すようにした。

慣れないうちは難しいこともあるが、一度成功体験を積むと、病みつきになることをお約束する。何のことはない、これはモテる男女が無意識のうちにやっている習慣だったのだ。

モテる男女は1次会が終わると行方不明になるが、モテない男女は4次会、5次会までズルズル残って、「アイツ、まだ帰らないよね」と嘲笑される。

どうせなら、モテる男女から学ぶことだ。

キーワードは「名残惜しさ」である。

一流のお笑い芸人は爆笑の渦の中でスッと姿を消すが、三流のお笑い芸人はいつまでもウケないから、ずっと粘ってしまうのだ。

31

成功者は「今を生きる思考」をマスターしている

付かず離れずを徹底することで、自分の価値が勝手に高まる。

32

薄っぺらな友情や愛情よりも、自分の才能開花のほうが1億倍大切だ。

友情・愛情と人生の成功は両立しない。
そこには、誰もが抱く嫉妬と憎悪が
足を引っ張るからだ。人脈の入れ替えは、
成功するために必要な手段なのである。

最後に、人間関係でとても大切なことをお伝えしておきたい。
これまでのあなたの常識を覆《くつがえ》す内容なので抵抗はあるかもしれないが、
もしこの先成功したいのであれば、必ず役に立つことをお約束する。
友情と成功は両立しないことが非常に多い。

ゼロではないが、その確率はかなり低いと知っておいてもらいたいのだ。

なぜなら、親しかった友人は同時にライバルでもあり、あなたが成功して相手がそうでない場合は絶対、必ず、100％の確率で激しく嫉妬してくるからである。

これは、反対のパターンを考えてみればわかりやすいだろう。

友人だけが成功してあなたがそうでない場合、あなたは相手に嫉妬せずにいられるだろうか。

いられるはずがない。

きっと激しい憎悪を抱いて、殺したくなるはずだ。

それは別に特別な感情ではなく、私たちの誰もが抱く本能である。

ただ、それを剥《む》き出しにする人としない人がいるだけだ。

あなたが成功すれば、かなりの確率で過去の友情は崩壊するものだが、その場合は崩壊を再構築する努力ではなく、自分の才能開花を優先させてもらいたい。

嫉妬してあなたから去った相手は、どうせこの先も必ず裏切るものだ。

この先あなたはますます成功して、悪気なく相手との差を見せつけることになるが、そのたびに嫉妬に狂った相手に気を遣うのは、寿命の無駄遣いになる。

拍手を贈ってくれる相手だけを大切にし、それ以外はバッサリ斬ったほうがいいのだ。

これは、恋人や家族も例外ではない。

あなたの才能開化の妨げになるのなら、薄っぺらな友情や愛情とは決別すべきである。それも根こそぎだ。

大成功しているハリウッドスターたちが結婚と離婚を繰り返したり、交際と破局を繰り返したりしているが、あれは不幸ではなく自然の摂理である。

夫婦やカップルでもお互いにライバル関係になり、特に格下のほうが格上に一方的に嫉妬する傾向が強い。

人気が抜かれたり年収が抜かれたりすると、途端にギスギスし始める。

だから格下の嫉妬をバッサリ斬るために、彼ら彼女らは出逢いと別れを延々と繰り返しながら進化しているのだ。

凡人がとやかく言うことではないし、永遠に理解できないだろう。

思い切って告白するが、私もこれまでに人生のステージをいくつかステップアップさせてもらったと自負している。

そのたびに気づかされたのは、激しい人脈の入れ替わりだ。

大学時代にある本を読んで、当時は意味がわからなかったフレーズがある。

「友人は失敗で失うのではなく、成功で失う」というものだ。

今ならよく理解できるが、**失敗した友人には心のどこかで見下したい気持ちがあるから、親しみを持って会いやすい。**

それに対して、成功してもう遠くに行ってしまった友人には劣等感しか抱けないから、つい格下特有の激しいマウンティングをかましてしまう。

それが人間関係の本質である。

32

成功者は
「今を生きる思考」
をマスター
している

自分の才能開花のためには、友情や愛情を捨てる覚悟も必要だ。

人間関係こそ建前ではなく
本音を洞察せよ。
綺麗は穢い、穢いは綺麗。

ACTION. 5

今を生きるための 決断

33 無駄な努力は無駄であるという事実を受容する。

努力は大切だが、努力したからといって報われないし、未来のない可能性を夢見ても時間の無駄である。それは、遺伝子レベルで決まっている必然なのだ。

あなたが義務教育で教わったことは何だろうか。

国語や算数を教わったという人もいれば、共同生活を学んだという人もいるかもしれない。

私が義務教育から教わったことは、「遅い足が速くなることもなければ、悪い頭が

良くなることもない」という事実である。

これ以外は、すべて些細なことだった。

もちろん、これは私自身にも言えることなのだが、7歳から15歳までを同じ地域で生まれた同世代の子どもたちと一緒に過ごすことで、自分の遺伝子レベルが浮き彫りになる。

学校は、負けに行く場所なのだ。

「これは勝てない。あれも勝てない。でも、それなら勝てる」と気づくための環境を、我々は国から提供してもらっているのである。

虚心坦懐にあなたの小学校や中学校時代を思い出してみよう。

小中学校の間ずっと運動神経の鈍かった同級生が、高校進学後に突如努力が報われて、トップアスリートになったという例がただの1人でもいただろうか。いないはずだ。

小学校の頃からずっとクラスでビリの落ちこぼれが、高校入学後に猛勉強を開始して、地元の旧帝大に合格を果たした例がただの1人でもいるだろうか。いないはずだ。

絵が下手なヤツは死ぬまで下手だし、音痴はあの世に逝《い》っても音痴のままだ。

ご存知のように、人間はすべて遺伝で決まると科学的に証明されてしまったが、それを体感していちいち他人から指摘されなくてもいいように、義務教育があったのである。

教師に「君の知能は低いから、この底辺高校しか行けないよ」「数学は才能だから、国立は無理だね。おバカは潔く私立文系にしておきなさい」と、いちいち言わせてはいけないのだ。

実際には、バカほど自分のバカさ加減を正確に理解できないから、やたら自己評価が高くて困るのだが。

本書を読んでいるあなたには、これも何かのご縁だから、ぜひ事実を受容する勇気を出してもらいたい。

悪いことは言わない。

無駄な努力は無駄である。

あなたやあなたの子どもが早慶旧帝大以上の大学に入れなかったのは、決して努力不足ではなく、知能不足なのだ。

自分や子どもを責めてはいけない。遺伝子というのは先祖から授かったものであり、才能不足は、あなたのせいでもなければ子どものせいでもないのだ。

今はもういない、あの世の先祖のせいなのである。

その先祖にしても、別に頼んでこの世に生まれてきたわけではないのだから、結局のところ誰のせいでもない。

私は次のように考えている。

人生とはカードゲームと一緒だ。配られたカード（＝遺伝子）に文句を言わず、ただそれを受容して、最大のパフォーマンスを叩き出せるように工夫するしかない。

私は死後、最後の審判で「お前、よくこの程度の遺伝子で、こんなに成功できたな」と言わせたいと思っている。

33

成功者は「今を生きる思考」をマスターしている

負けるジャンルは諦めて、勝てるステージを見つけて勝負する。

34 才能不足を猛烈な努力でカバーした人は、息切れしやすい。

「これだけ努力したのに……」と不幸を嘆いているあなたは、一生成果が出ないだろう。
仮に努力が報われて成果が出ていたとしても、勝負すべき土俵が違えば、寿命を縮めることになる。

努力は素晴らしいことなのだろうか。
まあ概して素晴らしいとは思う。
しかし、心身に異常をきたすほどの努力は悪いことだろう。
その種の人間は大抵性格が悪くて、他人に滅法《めっぽう》厳しい。

すべてを努力不足で片付けようとする。

反対に、あらゆる分野で一流の成果を出している人は、楽しそうに淡々と努力をしており、努力を努力とまったく感じさせない。

そうでなければ、一流の成果は出ないのだ。

なぜなら一流の成果は、努力ではなくて才能で決まるからである。

仮に才能不足を猛烈な努力でカバーしたとしても、途中で息切れしてしまうことが多い。

率直に申し上げて、私の周囲では100％が最終的に不幸になっている。

まさに私が属している出版業界や文筆の世界がそうなのだが、「この人、明らかに才能不足だな」とわかる人は、猛烈な努力でカバーしようとしてバタバタと倒れている。

文字通り急逝《きゅうせい》する人もいれば、消息不明になる人もいる。

ライターや編集者としてならともかく、自分の名前で勝負しようとする著者は、99％が挫折するものだ。

自費出版や共同出版ではない、印税をきちんと支払ってもらえる正統な商業出版で1冊本を出した著者が、次の2冊目を出せる可能性は20％だと言われている。
さらに、ジャンルを問わず自著を100冊以上出した著者となると、コンマ数％となるのは間違いない。

本人がどう思っているかは別として、コンマ数％の世界には努力だけで参入などできず、必ず最低限の才能が必須となる。

私が出版デビューしてかれこれ15年が過ぎたが、その間に何万人という新人の著者が生まれたはずだ。

現在でも自分の名前で文筆活動をしている人は（私の基準で）、多く見積もって数十人、厳しく見積もると十数人程度ではないだろうか。

出版不況の中でも、とりわけ売れなくなってきていると評判の純文学の世界に限定すると、素人の小説家志望者たち千数百～二千数百の応募作中から優勝者が1人か2人選ばれて、デビュー作を出してもらえることもあるが、そのデビュー作が生涯の1冊となるパターンが一番多い。

1冊出した新人作家の中から約20％が2冊目を出せて、これが30冊以上となると、やはりコンマ数％の世界である。

プロの世界とは、そういうものだ。

ジャンルを問わず、デビュー作が生涯の1冊となる人たちの多くは、才能不足を猛烈な努力でカバーした人たちであり、息切れしてしまったのである。

翻って、あなたはどうだろうか。

才能不足を猛烈な努力でカバーしようと、悪あがきをしてはいないだろうか。

ここだけの話、本当にあなたが勝負すべき土俵ならば、もっとスムーズに成功できるはずだ。

人生で勝つための鉄則は、「楽勝できそうな土俵で呼吸の如く努力して勝ち続ける」ことである。

苦労しそうな土俵でたとえギリギリ勝利しても、寿命を縮めてご臨終だ。

34

成功者は「今を生きる思考」をマスターしている

成功するためには、楽勝できそうな土俵で無理のない努力を続ける。

35

ビビッ！　と来ないものは、やらない。

情報過多の時代だからこそ、それを鵜呑《うの》みにしないで、自分の頭で考えなければならない。「信じる者はバカを見る」にならないためには、何が必要なのだろうか？

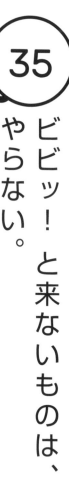

これは決してふざけているわけではないのだが、あなたがビビッ！　と来ない対象は、あなたにとってそんなに重要ではない証拠だ。

学校の教師や親から「〇〇しなさい！」「〇〇しなきゃいけません！」という言葉のシャワーを浴びて育ったせいなのか、「〇〇せねばならない」と思い込んでいる人が多い。

この際ハッキリさせておくが、我々がせねばならないことなんて本来、何もないのだ。

極論すると、働きたくなかったら働かなくてもいいし、勉強したくなかったら勉強しなくてもいい。

実際に働かなくても生きている人なんていくらでもいるし、不登校に至っては珍しくも何ともなくなって、市民権を得ている。

私たちは頼んでもいないのに、この世に放り込まれ、承諾もしていないのに憲法や法律を守るように洗脳されているが、本来はそれもおかしいのだ。

仕方がないから憲法や法律を守ってやっているだけで、所詮《しょせん》それらは人工の産物に過ぎない。

本格的な核戦争が勃発したり巨大隕石が地球に衝突したりすれば、憲法や法律なんて何ら価値のないクズと化す。

何やら話が大きくなってしまったが、要は、もっとあなたの直感を大切にしようという話である。

歳を重ねれば重ねるほど実感するが、誰かの都合で捏造《ねつぞう》されたかもしれない統計データや科学的根拠よりも、自分の直感のほうが信頼できることが増えてくるものだ。

ワクチンの接種や健康診断は受けて当たり前だという風潮が強いが、果たして本当にそうなのだろうか。

いや、私はそれらを目の敵にしているほどの過激な反対派ではないのだが、鵜呑みにするほどバカでもない。

あと数年もすればワクチンの接種は意味がなかったか、もしくは逆効果だったということが判明しても何ら不思議ではないと思っているし、健康診断は病人を発掘するために医療業界が毎年行う〝新規開拓キャンペーン〟ではないかとも思っている。

そうじゃないかもしれないが、そうじゃないとも言い切れない。

私は、私の直感を大切にしたいのである。

あの文豪ゲーテも受けていたとされる瀉血《しゃけつ》は、欧米の医師がこぞって取り入れたメジャーな治療法だったが、今となっては無意味どころか逆効果だったと判明しているし、1949年にノーベル生理学・医学賞を受賞した「ロボトミー」という前頭葉白質切截術《ぜんとうようはくしつせっせつじゅつ》は人類最悪の手術だったと黒歴史になっている。

現在は当たり前とされている放射線治療や抗癌剤治療も、22世紀には黒歴史になっていないことを願うばかりである。

医療業界に限らず人生のすべての決断は、最後はあなたの直感に委ねるべきだろう。

そのためには、普段から賛成意見だけではなく反対意見からも積極的に情報収集し、論理的に考えて正しいとされる正誤問題で、正解を選んでおくことだ。

正誤問題を勝ち抜いた複数の正解から、直感で選ぶのが決断である。

35

成功者は「今を生きる思考」をマスターしている

世の中の〝当たり前〟を無視して自分の直感を信頼して行動する。

36

下手の横好きは、あなたのポジションを下げ続けて、ご臨終。

あなたは下手な趣味を周囲に晒していないだろうか？　それが知らず知らずのうちにマウンティングの餌となり、あなたのポジションを下げているのだ。


あなたは将来成功したら、趣味で人生を埋め尽くしたいと思うだろうか。

私は現在、純度100％好きなことで人生を埋め尽くしており、そのうちの一つがこうした執筆活動である。

今から話すことは少々深い話だが、どうかあなたの人生をより幸せにするためのヒントにしてもらいたい。

あなたは趣味で好きなことをやっていただけとしても、それが下手の横好きだと、必ず自分のポジションが下がるということを憶えておこう。

たとえば、ゴルフを趣味にしたとしよう。

いくら周囲が「スコアなんて全然関係ありませんから」と言ってくれたとしても、あなたが下手だったら、無意識のうちにあなたはなめられるということだ。

たとえ趣味でも周囲より下手だったら、ハロー効果ですべてが愚鈍に見えるからである。

もはや、これは本能だから避けようがないのだ。

換言すれば、あなたよりも格下の相手はあえてあなたが苦手なことをさせることで、あなたのポジションを下げようとしているとも言える。

いや、この際ハッキリ言っておくが、100%そうなのだ。

実はオヤジがゴルフをやりたがる理由もそれで、若くて有能な人材にマウンティングをかますためである。

一流のプロとなれば話は別だが、原則ゴルフは運動神経や腕力とは無関係で、経験値である程度まではスコアが伸びることが多い。

つまり、野球やサッカーだともろに運動神経が露呈してしまうが、数十年もの間バカの一つ覚えでゴルフ三昧の人生を送っていたら、運動神経抜群の初心者よりは確実に上手くなるのである。

オヤジがゴルフに挑みたがる理由が、これでご理解いただけただろうか。

フルマラソンやトライアスロンは、もっとマウンティングをかましやすい。

なぜなら、興味のない人たちは何も知らないから、ただフルマラソンやトライアスロンをやっているだけで、「すごーい！」とか「スポーツマンですね」と言ってもらえるからである。

私の周囲では、中小企業のオヤジにやたらとフルマラソンやトライアスロンをやっているのが多かったため、その理由を問い詰めたところ本音が聞き出せたというわけだ。

あと、床屋のオヤジにもトライアスロンの写真をドヤ顔で飾っておきながら、お客様から話題を振られるのを待っているのもいた。

私がこんな種明かしをしたのは、誠実なあなたが知らぬ間に雑魚からマウンティングをかまされて、理不尽にポジションを下げてもらいたくないからである。

音痴なのにどうしても歌が好きなら、一人カラオケをすればいいように、できるだけ下手の横好きは周囲の目に入らないようにしたほうがいい。

人前で何かを披露するということは、仮に望んでいなくても、あなたが人から評価されるということであり、いつも見下されるリスクが潜んでいるということだ。

基本的に、格下の前で弱みを見せて得をすることなど何もない。

36

成功者は「今を生きる思考」をマスターしている

下手の横好きは単に相手に見下されるだけ。一人でこっそり楽しむ。

37

「一生この人の愛人で生きる」というのも、立派な決断である。

未婚率の上昇と少子化問題は、日本の未来に関わる大きな問題だが、だからといって「不倫の恋」が世の中からなくなるわけではない。そこには善悪を超越した本質があるのだ。

結婚しない男女が増えて、すでに久しい。
これを国家の危機として騒ぐ人もいるが、それを考えるのは別の専門家に譲ろう。
私はあえて、別の角度から光を当てたい。
結婚しない男女が増えているという現象は、少なくとも何らかの理由があって発生しているはずだ。

中には、結婚できない理由があるという人も少なくないはずだ。

その一つが不倫の恋である。

不倫の善悪は「悪」であると社会的にはもう決まっているのだから、それを論じても意味がない。

善悪は幼稚園児でもフリーターでも総理大臣でもわかっていることであり、それを熱く論じるのは退屈極まりないうえに、醜い行為だ。

国学の大成者である本居宣長は『源氏物語』を「もののあはれ」と捉えたが、それはつまり「不倫の恋」のことだった。

バカでも語れる善悪ではなく、善悪を超越した人間の本来の姿を追究したのである。

そう考えると、古今東西問わず不倫の恋は人間の本質に関わる深いものだし、そこから様々な文芸作品や芸術が生まれたと解釈できる。

有名人の不倫報道で興奮する大衆には、実は不倫に憧れているモテない男や性的魅力に欠ける女のルサンチマン(弱者の強者に対する嫉妬、復讐心)が噴出しているのだ。

それ以外の理由は、どれも些細なことだろう。

以上を踏まえたうえで不倫の恋について述べると、「一生この人の愛人で生きる」というのも立派な決断だと私は思う。

ここだけの話、妥協の恋をして、妥協の結婚をして、妥協の出産をして、妥協の育児をして、妥協の老後を送る仮面夫婦なんて、生き地獄だと考えている人も多いはずだ。

様々なデータを虚心坦懐に分析すると、日本の仮面夫婦は51％以上だということになるが、私がこれまでに対話してきた1万人以上の人々から判断するに、9割以上が仮面夫婦だと見ている。

そう考えると、海外ではまだ残っている一夫多妻制のほうが自然の摂理に則っているとも解釈できるだろう。

一夫一妻制で誰が一番得をしているのかといえば、モテない雄なのだから。

本来ならモテる雄が雌を独占するはずのところを、一夫一妻制にすることで、モテない雄にも結婚させてあげているに過ぎない。

そんなことは水準以上の人であれば、とっくに気づいているはずだが。

つまり、ショボい男としか結婚できないのであれば、いい男の愛人として人生を全うするというのは、極めて論理的かつ自然の摂理に則った生き方だと言えよう。

繰り返すが、以上はすべて善悪を超越した話をしている。

善悪はどうでもいい。20世紀にはとても告白できなかった人が多いLGBT(レズ、ゲイ、バイセクシャル、トランスジェンダー)が世界的に受け入れられ始めているのは、結婚制度を始めとする各種制度が所詮人工物に過ぎず、自然の摂理に則っていない齟齬《そご》が現象化したのだろうと私は見ているが、いかがだろう。

37

成功者は「今を生きる思考」をマスターしている

妥協した結婚生活を送るよりも、〝いい男〟の愛人として生きる。

38 もしそれがあなたの使命だったら、世界を敵に回しても貫き通せ。

夢を叶える人は一握りだ。
転職と独立を選択すれば、
成功の確率を高めることができる。
使命を果たし続けている私の成功体験を話そう。

転職や独立というのは、あなたの我を貫いた勲章だ。
一般に我を貫くと、そのたびに同じステージ内では運気が落ちる。
それはそうだろう。
村社会から飛び出すのだから、村人たちからは後ろ指を指されるに決まっている。

しかし、あなたの人生全体としては運気が急上昇することが多い。

人生のステージがアップした瞬間は、必ずわかる。

私自身も転職と独立の両方を経験したが、いずれも人生のステージが確実にアップしたことがわかった。

格の高い企業に転職を果たすとか社会的地位の高い職業に就けたというレベルではなく、自分の夢にグッと近づくイメージである。

たとえば私は、大学時代から将来は文筆家として生きると決めていたが、転職をした瞬間に99％の確率で実現するとわかった。

残り1％は、不慮の事故とか天変地異が襲った場合の例外だ。

経営コンサルタントには1ミリも興味がないどころか、逆に最も蔑《さげす》むべきカッコ悪い職業だと思っていたのに、本を出すチャンスを掴めるということで、嬉々として転職を果たした。

さらに、いざ独立のタイミングは夢に吸い寄せられるように、スムーズに運んだ。

すべてがとんとん拍子で、まるで神が私の味方をしてくれているのではないかと感じたくらいだった。

もう一度同じことをやれと言われたら、とてもではないが、私にはできる自信がない。

現在の人生も本当にイメージ通りかそれ以上に運んでおり、申し訳ないくらいに自分の使命を果たしているという実感がある。

音声ダウンロードサービス「真夜中の雑談」も、PDFダウンロードサービス「千田琢哉レポート」も、一切のしがらみもなく自分の本心と良心に基づいたアウトプットが好き放題にできているが、これは「リイド社」をヒントにしたビジネスモデルだ。

リイド社とは、有名な漫画『ゴルゴ13』の作者さいとう・たかを氏の出版物を、独占的に身内で販売している出版社である。

要は、外にお金を流さずに内に流すために兄弟で設立した会社であり、これが大成功した。

そして何よりも、漫画のコンテンツを極限まで高めるためのチームワークも実に素晴らしい。

政界情勢を先取りして、まるで予言を的中させるかのようなリアリティ溢れる作品に仕上がっている。

まさに、使命を果たしていると言えよう。

翻って、あなたはどうだろうか。

世界どころか、村人たちを敵に回すことすら怖がってはいないだろうか。

あなたの人生だからあなたが決めればいいのだが、迷っている人にそっと真実を囁《ささや》いておこう。

世界を敵に回すのと村を敵に回すのとでは、どちらも変わらない。

なぜなら井の中の蛙と同様に、村人たちは村こそが世界のすべてだと一点の曇りもなく信じているからだ。

一度大海に出た魚は金魚鉢のことを牢獄だと知るが、金魚鉢で一生を終えた魚にとっては金魚鉢こそが世界だったのである。

38

成功者は「今を生きる思考」をマスターしている

迷いを捨てて踏み出せば、夢に吸い寄せられて、神様も味方する。

39

10年間継続したからといって、無理に継続しなくてもいい。

長年続けてきたからといって、必ず結果が出るとは限らない。才能の種は、それを育てるのに相応しい畑にまかなければ、花は開かないのだ。

私はかねてから継続力の大切さを繰り返し説いてきたが、だからといって我慢に我慢を重ねて継続しても意味がない。

確かに継続力があったほうが信頼はされるが、それがストレスの原因となってあなたの心身に異常をきたしては本末転倒というものだ。

普通は誰も言ってくれないであろう真実をお伝えすると、センスのないブログを何十年と継続したところで痛々しいと思われるだけだし、バカが難関大学や難関資格の勉強を続けてもドン引きされるだけである。

もちろん、本心から自己満足かつ下手の横好きだと割り切っているのであれば、それでもいい。

しかし、「継続は力なり」と信じているのであれば、それは必ずしも正しいわけではないことを、ここで強調しておく。

たとえば、十数年前には「ブログを書いていればいつか出版できる」と信じられていた時代があった。

ところが、実際に出版社が注目したブログから出版できた人は、最初からピカピカの経歴持ち主たちだったり、すでに業界で名を馳せたりしている人たちばかりだった。

その辺の凡人がいくらくだらない日常や書評を10年間綴ったところで、それを読みたいと思う人は世の中にほとんどいないのだから、当たり前と言えば当たり前だ。

私は独立後にせっせと書いていたブログがすべて2年以内に書籍化したが、それは私がそれまでに某業界の経営コンサルタントとして、それなりの知名度を獲得していたからである。

複数の業界紙で長期連載も担当しており、もはや私に本を出せない理由がなかった。

私だって、嘘をついて「誰でもブログを10年継続すれば本を出せますよ」と暴利を貪れるのだが、それは私の美学に反するからしないだけだ。

ブログや本に限らないが、詐欺に騙《だま》されやすい人は「10年でダメなら20年で、20年でダメなら30年で……」と寿命をドブに捨てて、ご臨終だ。

本物のプロから見たら、「あ、この人は全然ダメだからカモネギ」というのが完璧に洞察されているのだ。

塾・予備校で本当にお金を運んでくれるのは、才能がないのに「あともう1年頑張れば受かるはずだ……」と信じて疑わない落ちこぼれたちであり、結婚相談所で一番お金を運んでくれるのは、永遠に生殖の対象外である非モテの男女である。

念のため、これは私の独断と偏見ではなく、それぞれの業界で元取引先の社長から得た1次情報そのままだ。

私の本心を打ち明けると、それが何であれ、10年間継続できたという事実は素晴らしいと思っている。

仮に才能不足のために報われなかったとしても、継続力は学んだはずだ。**ならば、本当に勝てそうな土俵に変更して持ち前の継続力を発揮すれば、きっと才能が開花するのではないだろうか。**

私自身の告白をしておくと、今やっていること以外は勝てないから、今やっていることを継続しているに過ぎない。

39

成功者は「今を生きる思考」をマスターしている

「継続は力なり」は諸刃の剣。継続力は本当に勝てそうな土俵で発揮する。

40

負けを認めることで、人は自由になれる。

自由はどうすれば感じることができるのか?
金持ちになればいいのか?
偉くなればいいのか?
本書の締めくくりとして、私が学んだ人生の教訓を話そう。

エッカーマンの『ゲーテとの対話』の中で、私が好きな一節がある。「われわれは自分の上にあるものをすべて認めようとしないことで、自由になれるのではなく、自分の上にあるものに敬意を払うことでこそ、自由になるのだ。」（岩波文庫・上巻・332ページ）が、それだ。

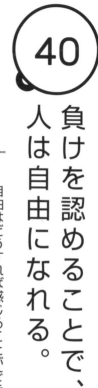

大学時代に読んだ時には、「これは大事だぞ」とは思ったものの、その真意は理解できていなかった。

それ以来、10年に一度の割合でこの本を読むことにしているが、そのたびに理解が深まっているのがわかる。

ニーチェやハイデガーは学者気質であり、大学時代の頃の私には刺激的な思想に思えたが、ゲーテの思想はさらにその上を行くと直感した。

ただし、あくまでもそう直感しただけで、具体的に何がどう凌駕しているのかまではわからなかったのだ。

やはり文豪としてだけではなく、一国の宰相《さいしょう》を務めたことも影響しているのだろうが、底知れぬ才能の塊を私の本能で感じたのではないだろうか。

そんな人間関係を熟知していたゲーテから搾《しぼ》り出された言葉は、どれも桁違いの含《がん》蓄《ちく》がある。

ぜひ、あなたにも『ゲーテとの対話』の一読をおススメしたい。

私が社会人になって冒頭の言葉の意味を自分なりにアレンジして応用したのは、「負けを認めることで、人は自由になれる」という教訓だった。

他人から指摘されることも多いが、私は負けを認めるのが猛烈に早い。それが才能不足によるものであれば、もう二度と関わらないし、努力不足や工夫不足によるものであれば、さっさと努力や工夫をすれば済む話だからだ。

負けたからといって、グジグジ悩んだり悔しがったりするのは時間の無駄だし、そもそものエネルギーの消費がもったいない。

あなたも一度試してみればわかるが、あっさりと負けを認めると、一瞬で自由になれる。

人生が拓けるのだ。

一流は一流として、二流は二流として、三流は三流として、それぞれが自分の人生のステージで役割を果たせば、それが最高の自由だとわかるだろう。

たとえばいくら偉くなりたいからといって、今日からあなたが天皇にしてもらえたとしても、きっと自由を感じることはできないはずだ。

それどころか総理大臣でも、微塵も自由を感じられないだろう。

それは人それぞれに器《うつわ》があり、役割が定められているからである。

この人間社会の不変の事実を、勇気を出して正面から受容するか逃げ回るかで、あなたの人生は大きく変わるのだ。

自分より上にあるものを認めなければあなたも認められないし、下にあるものからも認められないという作用反作用の法則は、義務教育で習得しただろう。

自分より上にあるものに敬意を払うと、あなたも敬意を払われるし、下にあるものからも敬意を払われる。

あなたの使命に没頭して役割を果たしていると、下から持ち上げられて、上から引っ張り上げられるのだ。

40

成功者は「今を生きる思考」をマスターしている

負けを受容して自分の役割を認め、使命に没頭することで、人生が拓ける。

押してダメなら引いてみな。
幸せはいつも逆にある。

千田琢哉著作リスト(2023年4月現在)

『集中力を磨くと、人生に何が起こるのか？』

『大切なことは、「好き嫌い」で決めろ！』

『20代で身につけるべき「本当の教養」を教えよう。』

『残業ゼロで年収を上げたければ、まず「住むところ」を変えろ！』

『20代で知っておくべき「歴史の使い方」を教えよう。』

『「仕事が速い」から早く帰れるのではない。「早く帰る」から仕事が速くなるのだ。』

『20代で人生が開ける「最高の語彙力」を教えよう。』

『成功者を奮い立たせた本気の言葉』

『生き残るための、独学。』

『人生を変える、お金の使い方。』

『「無敵」のメンタル』

『根拠なき自信があふれ出す！「自己肯定感」が上がる100の言葉』

『いつまでも変われないのは、あなたが自分の「無知」を認めないからだ。』

『人生を切り拓く100の習慣』

【マンガ版】『人生の勝負は、朝で決まる。』

『どんな時代にも通用する「本物の努力」を教えよう。』

『「勉強」を「お金」に変える最強の法則50』

『決定版 人生を変える、お金の使い方。』

●KADOKAWA

『君の眠れる才能を呼び覚ます50の習慣』

『戦う君と読む33の言葉』

●かや書房

『人生を大きく切り拓くチャンスに気がつく生き方』

『成功者は「今を生きる思考」をマスターしている』

●かんき出版

『死ぬまで仕事に困らないために20代で出逢っておきたい100の言葉』

『人生を最高に楽しむために20代で使ってはいけない100の言葉』

『20代で群れから抜け出すために顰蹙を買っても口にしておきたい100の言葉』

『20代の心構えが奇跡を生む【CD付き】』

●きこ書房

『20代で伸びる人、沈む人』

『伸びる30代は、20代の頃より叱られる』

『仕事で悩んでいるあなたへ 経営コンサルタントから50の回答』

●アイバス出版

『一生トップで駆け抜けつづけるために20代で身につけたい勉強の技法』

『一生イノベーションを起こしつづけるビジネスパーソンになるために20代で身につけたい読書の技法』

『1日に10冊の本を読み3日で1冊の本を書く ボクのインプット&アウトプット法』

『お金の9割は意欲とセンスだ』

●あさ出版

『この悲惨な世の中でくじけないために20代で大切にしたい80のこと』

『30代で逆転する人、失速する人』

『君にはもうそんなことをしている時間は残されていない』

『あの人と一緒にいられる時間はもうそんなに長くない』

『印税で1億円稼ぐ』

『年収1,000万円に届く人、届かない人、超える人』

『いつだってマンガが人生の教科書だった』

『君が思うより人生は短い』

●朝日新聞出版

『人生は「童話」に学べ』

●海竜社

『本音でシンプルに生きる！』

『誰よりもたくさん挑み、誰よりもたくさん負けろ！』

『一流の人生 ──人間性は仕事で磨け！』

『大好きなことで、食べていく方法を教えよう。』

●Gakken

『たった2分で凹みから立ち直る本』

『たった2分で、決断できる。』

『たった2分で、やる気を上げる本。』

『たった2分で、道は開ける。』

『たった2分で、自分を変える本。』

『たった2分で、自分を磨く。』

『たった2分で、夢を叶える本。』

『たった2分で、怒りを乗り越える本。』

『たった2分で、自信を手に入れる本。』

『私たちの人生の目的は終わりなき成長である』

『たった2分で、勇気を取り戻す本。』

『今日が、人生最後の日だったら。』

『たった2分で、自分を超える本。』

『現状を破壊するには、「ぬるま湯」を飛び出さなければならない。』

『人生の勝負は、朝で決まる。』

千田琢哉著作リスト（2023年4月現在）

『一流の人だけが知っている、他人には絶対に教えないこの世界のルール。』

●総合法令出版

『20代のうちに知っておきたい お金のルール38』
『筋トレをする人は、なぜ、仕事で結果を出せるのか？』
『お金を稼ぐ人は、なぜ、筋トレをしているのか？』
『さあ、最高の旅に出かけよう』
『超一流は、なぜ、デスクがキレイなのか？』
『超一流は、なぜ、食事にこだわるのか？』
『超一流の謝り方』
『自分を変える 睡眠のルール』
『ムダの片づけ方』
『どんな問題も解決する すごい質問』
『成功する人は、なぜ、墓参りを欠かさないのか？』
『成功する人は、なぜ、占いをするのか？』
『超一流は、なぜ、靴磨きを欠かさないのか？』
『超一流の「数字」の使い方』

● SB クリエイティブ

『人生でいちばん差がつく20代に気づいておきたいたった1つのこと』
『本物の自信を手に入れるシンプルな生き方を教えよう。』

●ダイヤモンド社

『出世の教科書』

●大和書房

『20代のうちに会っておくべき35人のひと』
『30代で頭角を現す69の習慣』
『やめた人から成功する。』
『孤独になれば、道は拓ける。』
『人生を変える時間術』
『極 突破力』

●宝島社

『死ぬまで悔いのない生き方をする45の言葉』
【共著】『20代でやっておきたい50の習慣』
『結局、仕事は気くばり』
『仕事がつらい時 元気になれる100の言葉』
『本を読んだ人だけがどんな時代も生き抜くことができる』
『本を読んだ人だけがどんな時代も稼ぐことができる』
『1秒で差がつく仕事の心得』
『仕事で「もうダメだ！」と思ったら最後に読む本』

●ディスカヴァー・トゥエンティワン

『転職1年目の仕事術』

●技術評論社

『顧客が倍増する魔法のハガキ術』

● KK ベストセラーズ

『20代 仕事に躓いた時に読む本』
『チャンスを掴める人はここが違う』

●廣済堂出版

『はじめて部下ができたときに読む本』
『「今」を変えるためにできること』
『「特別な人」と出逢うために』
『「不自由」からの脱出』
『もし君が、そのことについて悩んでいるのなら』
『その「ひと言」は、言ってはいけない』
『稼ぐ男の身のまわり』
『「振り回されない」ための60の方法』
『お金の法則』
『成功する人は、なぜ「自分が好き」なのか？』

●実務教育出版

『ヒツジで終わる習慣、ライオンに変わる決断』

●秀和システム

『将来の希望ゼロでもチカラがみなぎってくる63の気づき』

●祥伝社

『「自分の名前」で勝負する方法を教えよう。』

●新日本保険新聞社

『勝つ保険代理店は、ここが違う！』

●すばる舎

『今から、ふたりで「5年後のキミ」について話をしよう。』

『「どうせ変われない」とあなたが思うのは、「ありのままの自分」を受け容れたくないからだ』

●星海社

『「やめること」からはじめなさい』
『「あたりまえ」からはじめなさい』
『「デキるふり」からはじめなさい』

●青春出版社

『どこでも生きていける100年つづく仕事の習慣』
『「今いる場所」で最高の成果が上げられる100の言葉』
『本気で勝ちたい人は やってはいけない』
『僕はこうして運を磨いてきた』
『「独学」で人生を変えた僕がいまの君に伝えたいこと』

●清談社 Publico

『一流の人が、他人の見ていない時にやっていること。』

『こんな大人になりたい！』

『器の大きい人は、人の見ていない時に真価を発揮する。』

●PHP研究所

『「その他大勢のダメ社員」にならないために 20代で知っておきたい100の言葉』

『お金と人を引き寄せる50の法則』

『人と比べないで生きていけ』

『たった1人との出逢いで人生が変わる人、10000人と出逢っても何も起きない人』

『友だちをつくるな』

『バカなのにできるやつ、賢いのにできないやつ』

『持たないヤツほど、成功する！』

『その他大勢から抜け出し、超一流になるために知っておくべきこと』

『図解「好きなこと」で夢をかなえる』

『仕事力をグーンと伸ばす20代の教科書』

『君のスキルは、お金になる』

『もう一度、仕事で会いたくなる人。』

『好きなことだけして生きていけ』

●藤田聖人

『学校は負けに行く場所。』

『偏差値30からの企画塾』

『「このまま人生終わっちゃうの？」と諦めかけた時に向き合う本。』

●マガジンハウス

『心を動かす 無敵の文章術』

●マネジメント社

『継続的に売れるセールスパーソンの行動特性88』

『存続社長と潰す社長』

『尊敬される保険代理店』

●三笠書房

『「大学時代」自分のために絶対やっておきたいこと』

『人は、恋愛でこそ磨かれる』

『仕事は好かれた分だけ、お金になる。』

『1万人との対話でわかった 人生が変わる100の口ぐせ』

『30歳になるまでに、「いい人」をやめなさい！』

●リベラル社

『人生の9割は出逢いで決まる』

『「すぐやる」力で差をつけろ』

●徳間書店

『一度、手に入れたら一生モノの幸運をつかむ50の習慣』

『想いがかなう、話し方』

『君は、奇跡を起こす準備ができているか。』

『非常識な休日が、人生を決める。』

『超一流のマインドフルネス』

『5秒ルール』

『人生を変えるアウトプット術』

『死ぬまでお金に困らない力が身につく25の稼ぐ本』

『世界に何が起こっても自分を生ききる25の決断本』

『10代で知っておきたい 本当に「頭が良くなる」ためにやるべきこと』

●永岡書店

『就活で君を光らせる84の言葉』

●ナナ・コーポレート・コミュニケーション

『15歳からはじめる成功哲学』

●日本実業出版社

『「あなたから保険に入りたい」とお客様が殺到する保険代理店』

『社長！この「直言」が聴けますか？』

『こんなコンサルタントが会社をダメにする！』

『20代の勉強力で人生の伸びしろは決まる』

『ギリギリまで動けない君の背中を押す言葉』

『あなたが落ちぶれたとき手を差しのべてくれる人は、友人ではない。』

『新版 人生で大切なことは、すべて「書店」で買える。』

●日本文芸社

『何となく20代を過ごしてしまった人が30代で変わるための100の言葉』

●ぱる出版

『学校で教わらなかった20代の辞書』

『教科書に載っていなかった20代の哲学』

『30代から輝きたい人が、20代で身につけておきたい「大人の流儀」』

『不器用でも愛される「自分ブランド」を磨く50の言葉』

『人生って、それに早く気づいた者勝ちなんだ！』

『挫折を乗り越えた人だけが口癖にする言葉』

『常識を破る勇気が道をひらく』

『読書をお金に換える技術』

『人生って、早く夢中になった者勝ちなんだ！』

『人生を愉快にする！超・ロジカル思考』

千田琢哉（せんだ・たくや）

愛知県生まれ。岐阜県各務原市育ち。文筆家。

東北大学教育学部教育学科卒。

日系損害保険会社本部、大手経営コンサルティング会社勤務を経て独立。コンサルティング会社では多くの業種業界におけるプロジェクトリーダーとして戦略策定からその実行支援に至るまで陣頭指揮を執る。

のべ 3,300 人のエグゼクティブと 10,000 人を超えるビジネスパーソンたちとの対話によって得た事実とそこで培った知恵を活かし、"タブーへの挑戦で、次代を創る"を自らのミッションとして執筆活動を行っている。著書は本書で 177 冊目。

音声ダウンロードサービス「真夜中の雑談」、完全書き下ろし PDF ダウンロードサービス「千田琢哉レポート」も好評を博している。

成功者は「今を生きる思考」をマスターしている

2023 年 4 月 6 日　第 1 刷発行

著　者　　千田琢哉

発行人　　岩尾悟志
発行所　　株式会社かや書房
〒 162-0805
東京都新宿区矢来町 113　神楽坂升本ビル 3 F
電話　03-5225-3732（営業部）

印刷・製本　　中央精版印刷株式会社

ISBN978-4-910364-29-2 C0030